「カブ」の神様が教える！

手堅く稼ぐ株の必勝ルール

マナカブ.com 代表講師
中山まさかず著

「株神」と「株民」はこんなに違う！

数日後——
○×コーヒー 下方修正のお知らせ
えー〜〜
株価がどんどん下がっていく〜〜
○×コーヒー
ダンッ
ショック…
も〜 有名会社なのにどーしてぇ〜!?
株失敗あるある①
イメージや会社名で買ってしまう
また別のところでは
あ……
パ…
ン…
また下がった… 売ろうか どうしようか…
でもなーもう少し待ったら下げ止まって上がるかもしれないし…
うむ…

1週間後――
うわ〜〜
まだ上がらない〜
でも
ここまで待ったし
こうして買ったのも
何かの縁かもしれない
パクッ
オレはお前を信じるからっ！
ぐっ
クシャ
○△商事
うん！ がんばる!!
株失敗あるある②
ロスカットできない
こうして塩漬け株が完成し……
株
塩
しょっぱー
さーて、どれにしようかなぁ
××社か
○○社か
△△社…
○×社…
うーん
お!!
この株、なかなか良さそうだぞ
カチャカチャ

チャートの形もパーフェクト！
このオレさまが選んだ株なんだから結果出せよ～
全額BET!!
イケーーッ
チーーン…
どーん
株失敗あるある③
株をギャンブルとかん違いしている
は～、買っちゃった！
どうか上がりますよーに！
1時間後
ドキドキ
2時間後
ドキドキ
3……
翌日――
ドキドキドキ
～～

やった〜!!
パアー
上がってる〜!
でもまだ目標額までいってないしもう少し放っておこうかな……?
仕事中――
チラッ
W.C.
あ〜〜やっぱりダメ!!
ピッピッ
下がったらイヤだから売っちゃおう!
株失敗あるある④
気が小さくて
利益が出るまで待てない
株にご利益がある
神様
コチラ
↑

お、けっこう人がいる……
どうか株で勝てますように!
パンパン
ギィ〜ッ
ぬうっ
誰!?
うわっ

呼んだ？
カブ!?
わたしは株神
株で稼ぐ力を身につけたいのかね？
はい、できれば
ちょっとうさんくさいなぁ
できるもできる！株は勉強すれば、必ずだれでも上達するもんじゃ
どっこらしょ
でも、今までだって勉強してきたけど勝てませんでした
そうだそうだ
わたしはあんまり、勉強してないけど……

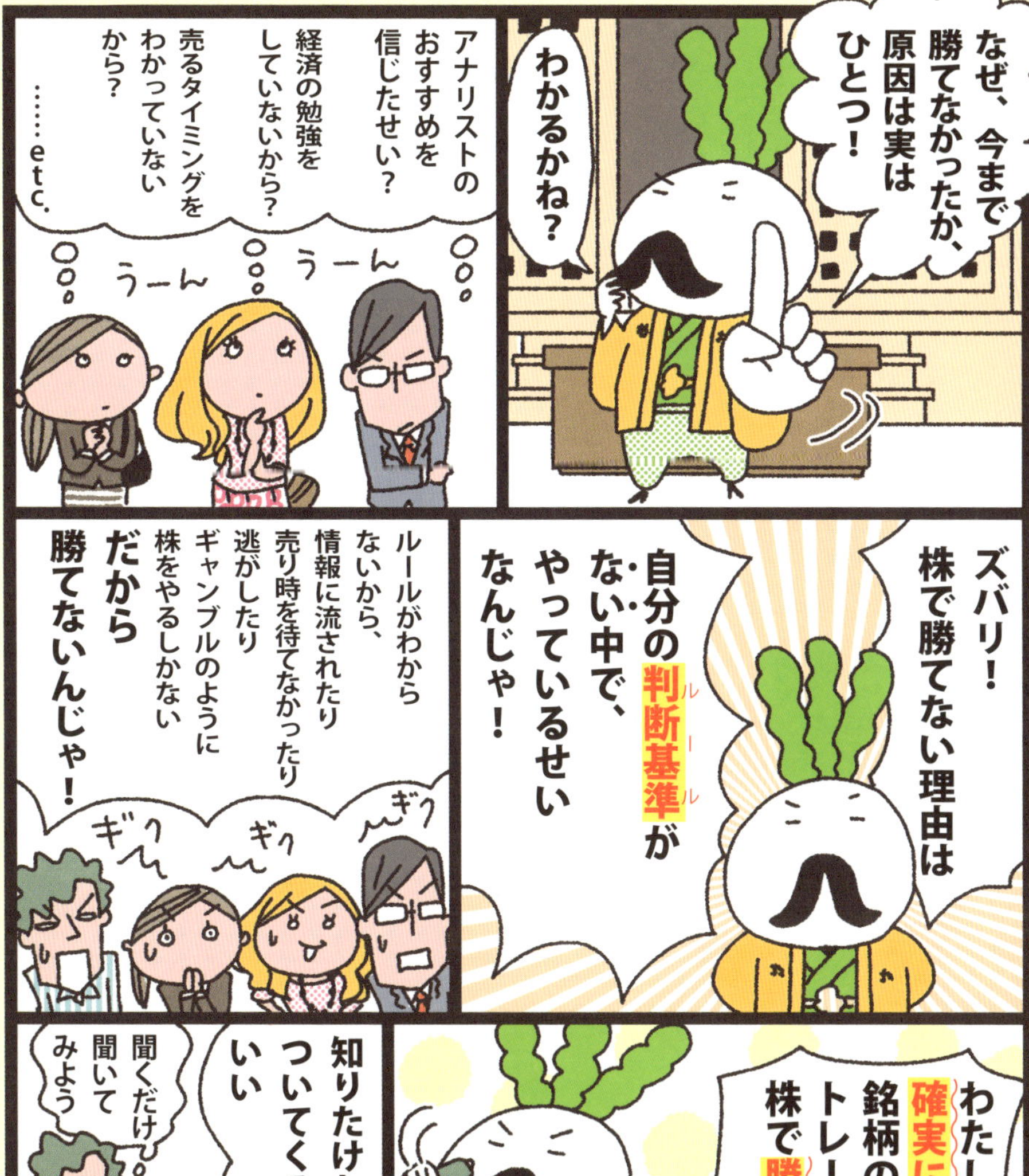
なぜ、今まで勝てなかったか、原因は実はひとつ！
わかるかね？
アナリストのおすすめを信じたせい？
経済の勉強をしていないから？
売るタイミングをわかっていないから？
……etc.
うーん
うーん
ズバリ！株で勝てない理由は
自分の判断基準《ルール》がない中で、やっているせいなんじゃ！
ルールがわからないから、情報に流されたり売り時を待てなかったり逃がしたりギャンブルのように株をやるしかない
だから勝てないんじゃ！
ギク
ギク
ギク
わたしが教えるのは、確実に利益につながる銘柄の選び方とトレード法、つまり、株で勝つためのルール！
株で勝つルール
どどんっ
知りたければついてくるがいい
聞くだけ聞いてみよう
ハイッ
くるっ

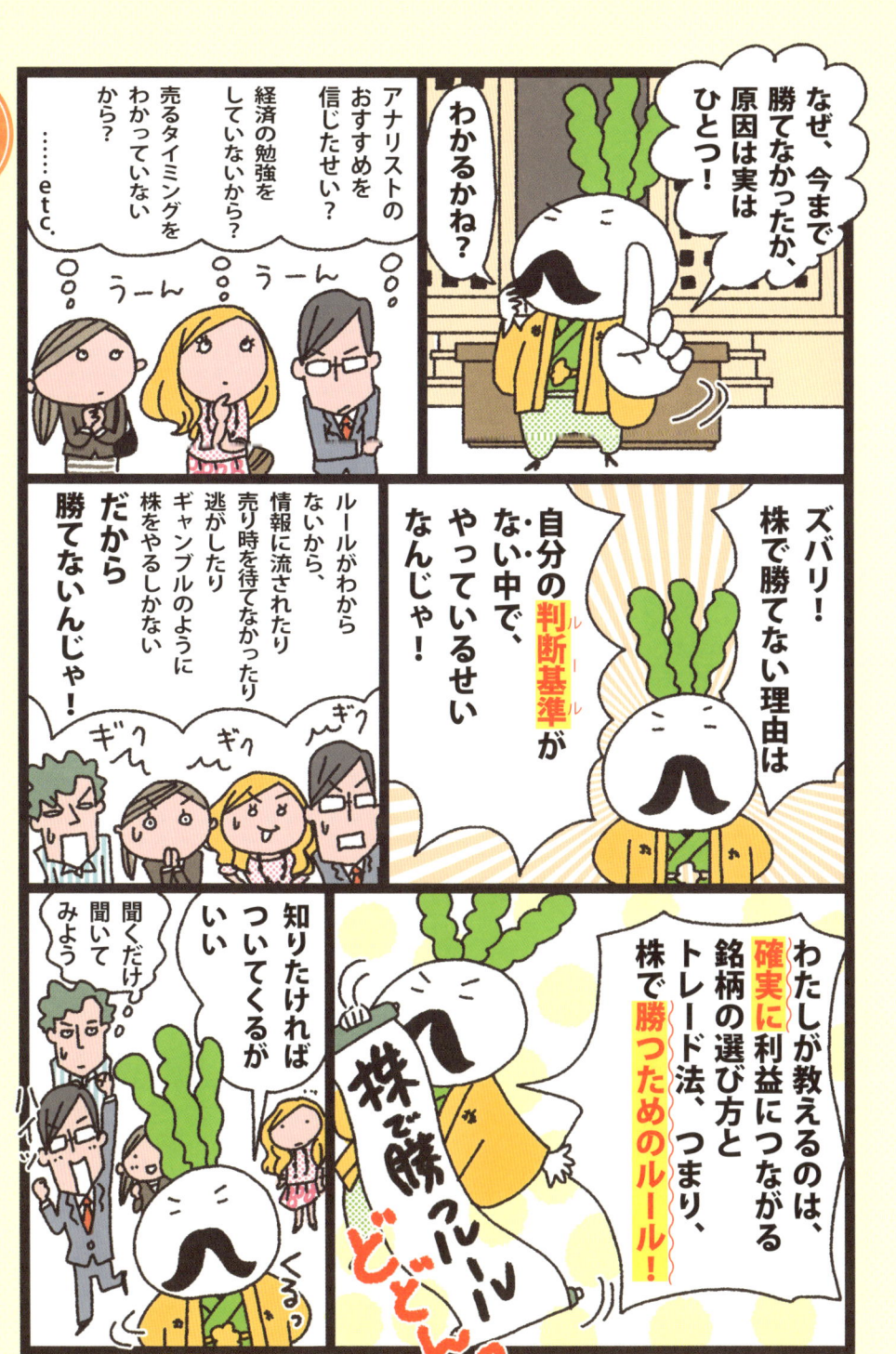

本書はこんな人におすすめ！

- 今までなんとなく勘で株をやってきた人
- 株で思ったように利益を出せずにいる人
- チャート分析で株を売買し、利益を出せていない人
- 着実に株で利益を出したいと思っている人
- 平日は仕事が忙しく、デイトレーダーのように
ちょくちょく株価をチェックしているような暇はないという人
- 「株はギャンブルだから、怖い」だからやりたくないと思っている人
- 株を放っておきすぎる人、塩漬け株保有者

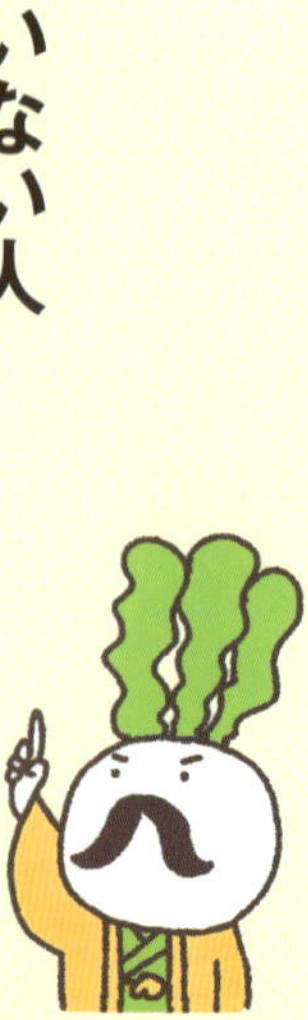

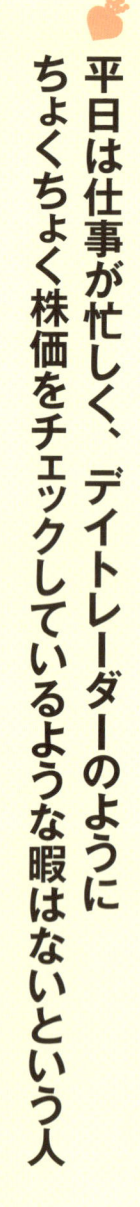

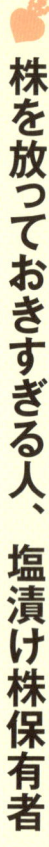

本書で取り上げた投資法は、テクニカル（チャート）分析と企業分析（ファンダメンタルズ分析）を組み合わせた投資法で、コツコツと安定的に資産形成していくための手法です。

経験者の方であっても、今まで何となく上がりそうだから買うというやり方で損をしてきた人はもちろん、勉強はしているつもりだが、これまでチャート分析だけで取引をして失敗している方には、本書で説明するファンダメンタルズ分析と売買ルール、そして資金管理ルールの３つの武器をぜひとも身につけていただきたいと思います。また、ファンダメンタルズ分析を勉強しているものの上手く銘柄選びが出来ないこともあります。一口に「ファンダメンタルズ分析」と言ってもその内容は多岐にわたり、結局企業の何を、どこを重視すればよいのかわからないという人は多いのではないでしょうか。本書ではファンダメンタルズ分析のどこを見ればよいのか、わかりやすく見るポイントを絞って銘柄選びができるように説明しています。

つまり、「なぜ買うのか」理由をはっきりとさせて、読んだ後で「根拠のある投資」が出来るようになってもらうための本なのです。

もくじ CONTENTS

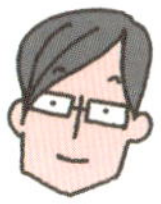
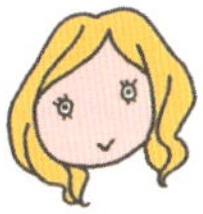

2章 ファンダメンタルズ分析で銘柄を選ぼう

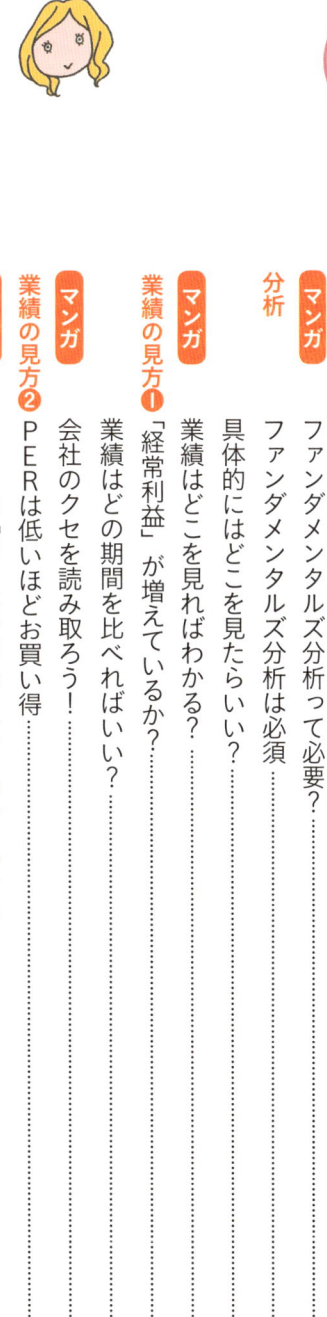

3章 テクニカル分析で、売買のタイミングを計ろう

4章 賢く資金管理をしよう

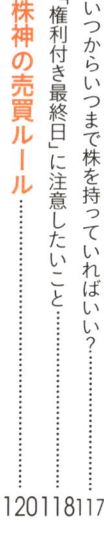

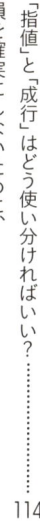

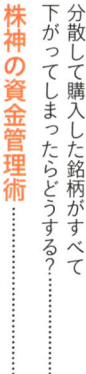

この本に登場するキャラクター

本書では、今まで株式投資で負け続けてきた４人が、
株神の教えのもと、株の必勝法を学んでいきます。
まずは登場人物を紹介しましょう。

一緒に株を
レッツ・エンジョイ☆

益実《ますみ》

流行りものや新しいものが大好き。株もノリではじめたので、熱心に勉強する気はなく、直感でトレードしている。有名な会社の株しか買わない。

株神《かぶかみ》

確実に利益につながる株の必勝ルールをもつ、カブの形をした株の神様。株式投資でなかなか勝てない４人に、その必勝ルールを惜しげもなく伝授してくれる。少々ゆるい顔のせいで、あまり威厳を示せないことが、ひそかな悩み。

カケル

楽しいことと、楽できることが大好き。株も遊び感覚ではじめるが、ギャンブル癖があるので、一発逆転を狙って失敗ばかり。

利彦《としひこ》

将来のために資産を増やそうと株をはじめる。物持ちがよく、長年愛用する日用品は数知れず。ただし、株も同じでなかなか売却できない。

純子《じゅんこ》

真面目で超がつくほどの小心者。副業の感覚で株をはじめる。堅実に稼ごうと目標を立てて投資するが、弱気さが影響してすぐに売却しがち。

1章

今まで
なぜ勝てなかったのか？

失敗例

1 会社が有名だからという理由で買った

なぜ、「有名だから」という理由で買ってはいけないのか？

有名企業だから安泰とは限らない

みなさんは、「いい企業」とはどんな企業だと思いますか？ 大都会の一等地に本社がある有名な会社でしょうか？ 人気タレントを起用したテレビCMを連日流している会社でしょうか？ 社長の発言がユニークで、メディアによく登場するような会社でしょうか？

「有名な企業だから儲かっているいい企業にちがいない」という発想は、まったく根拠がありません。**企業のイメージだけに飛びついて株を買う行為は、典型的な負けパターン**と言えます。有名企業といえども、業績は調べなければ判断できません。

銘柄選びは婚活と同じ

「有名だから買う」というのは、恋人や結婚相手を選ぶとき「美人なら問題なし」「イケメンだからOK」と言っているのと同じです。**業績を調べもせずに株を買うのは、相手の性格や収入を知らず外見だけで結婚相手を決めているようなもの**。

一流企業と言われる会社も、業績が赤字だったり、多額の借金によって運営されている場合もあります。たとえ無名でも、業績がよく、健全な経営をしている会社のほうが将来有望だと思いませんか？

どんな企業でも、その企業の中身を知る前に株を買ってはいけません。

株神の苦言❶

「見た目に惑わされず、中身を見よう！」

失敗例

2 チャートだけ見て買う

なぜ、チャートだけ見て買ってはいけないのか？

チャート分析の落とし穴

個人投資家の中には、銘柄を選ぶとき「株価のチャートしか見ない」という人がいます。いわゆるテクニカル分析のみで株を買うという人たちです。

テクニカル分析では、過去の株価の値動きのパターンから、その株がこれから上がるか、下がるかを予想します。このような人たちは、チャートの「過去のパターン」をいろいろ覚えていて、「チャートがこの形になったから買い！」と、機械的に決めています。しかし、参照しているのは、あくまで過去のデータです。これから先の株価が上がる保証はどこにもありません。

チャートで見るのは買うタイミングのみ

私は授業で生徒さんたちに、「必勝パターン」と言われているようなチャートを見せて「この先この株はどう動くと思いますか？」と質問します。生徒さんたちは「上がる」と答えます。しかし、実際のチャートは、その先大きく下げていました。**過去の「必勝パターン」はしょせん過去のもの。この先の株価がシナリオ通りに動くとは限りません。**

チャート分析は、あくまでファンダメンタルズ分析で優良企業を絞り込んだうえで、買うタイミングを計るときに使うものです。チャートのみの予想は危険です。

株神の苦言❷

「株はギャンブルではない 予想しても無駄」

失敗例

3 業績がいいから買う

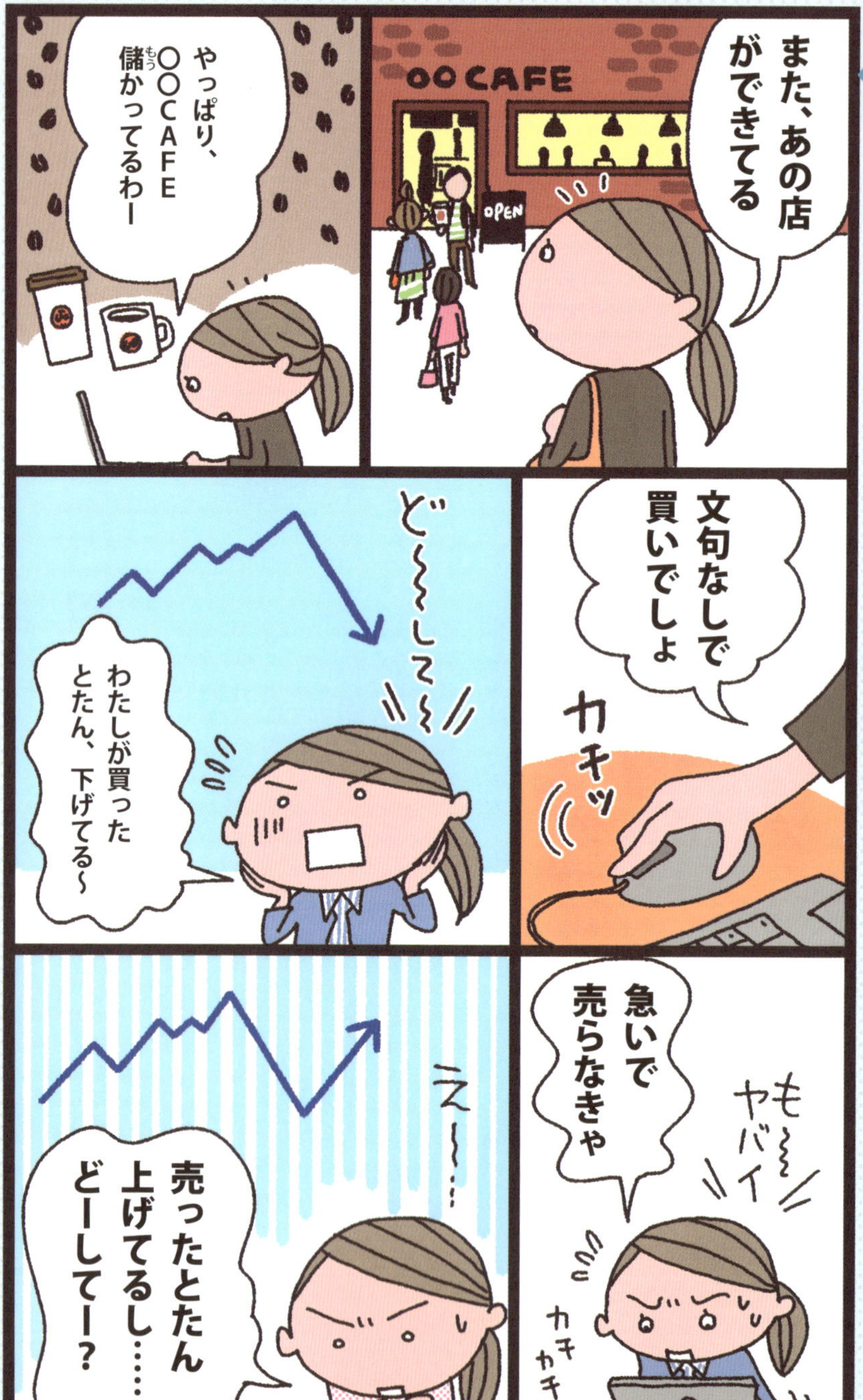

「業績がいい」だけで買ってはいけない理由は？

「いい銘柄を安く買う」が基本

業績のいい会社の株なら、いつ買ってもいいかと言うと、そうではありません。株で利益を出す基本は、「安く買って高く売る」です。業績のいい会社なら、株価が日々上昇し高値になっている場合もあります。**「高くても業績がいいから買い！」というのは、間違いです。**

株価がどんどん上がれば、今度は今より安い株価で買っていた人たちが利益を確定しようとして、売りに転じます。そうすると今度は、株価が下がっていくことになります。**いくら好業績の会社の株でも、買ったときより株価が下がれば損をしますよね。**

買い物上手は株上手

「いい会社の株をできるだけ安く買う」これが勝つためのルールです。安く買うためには、買うタイミングを考えなければなりません。このとき必要になるのがチャート分析です。チャートは、株価の値動きだけをチェックするものではありません。**その株が割安か割高かを判断する材料になります。**そして安ければ買う、高ければ安くなるまで待てばいいのです。

よく買い物上手な人は、実店舗で商品をチェックして、ネットで一番安い店を探して買うということをしますが、株式投資も同じ。**安値で買う人が株上手です。**

株神の苦言❸

「いくらよいものでも買うタイミングをまちがえては意味がない」

失敗例

4 ひとつの銘柄に1点集中

なぜ、1銘柄を集中して買ってはいけないのか？

卵はひとつのカゴに盛るな

業績が良く、株価も割安で、今がエントリーの絶好のタイミングだったとしても、用意したすべての資金を1銘柄につぎ込むことはおすすめできません。

株式相場の世界には、古くから「卵はひとつのカゴに盛るな」という格言があります。たくさんの卵をひとつのカゴに入れておくと、そのカゴを落としたら全部の卵が割れてしまいます。カゴを分けておけば、ひとつ落としてももうひとつは無事なわけです。つまり、**1銘柄に資金を集中させると、その銘柄が値下がりしたときは、損失を防げなくなってしまうということです。**

メンタル面でも楽になる

大きく損をしないためには、分散投資が鉄則です。私がおすすめしているのは、銘柄を分散するだけではなく、資金も分散する方法です。

銘柄を分散したとしても、すべての名柄が値下がりするリスクがあることに変わりはありません。そこで、**資金も一気に使わず、値下がりしたときにナンピンできる資金を残しておくことが大切です。**「下がってもナンピンできる」と思えば、株価が下落してもそれは想定の範囲内。いちいちイライラすることもなく、精神的にも楽な取引ができるのです。

株神の苦言④

「株においては1点集中は失敗のモト」

失敗例 5

目標を立てる

株でドカンと儲けて、あのブランドの時計を買うぞ～
めざせ100万！
1か月で10万！
よしっ
がんばろう
1日のノルマは、3千3百33円ね
楽勝、楽勝！
33万
1か月目
30万
やった！
36万
2か月目
33万
すごい！
40万
3か月目
36万
天才！
だけど、100万にはまだ遠い……
めざせ100万！
一発ドカンと！
12か月目
チーン…
パシッ
えいっ

なぜ、目標を立ててはいけないのか？

欲や恐怖でメンタルがぶれる

株式投資を始めるとき、初めに「毎月10万円稼ぐ」とか「1年で10％の利益を出す」といった目標を決める人がいます。しかし、実際にやってみると、思い通りの利益が出せず、失敗する人がたくさんいます。それは、なぜでしょうか？

例えば、**毎月コンスタントに利益を出したいという欲があると、株価が2％ぐらい下げただけでも損をするのが怖くて売ってしまうことがあります。**このような負けが連続すると、今度は、株価が上がってきたとき「下がる前に売ってしまおう」と、10％の利益を目標にしていたにもかかわらず、5％程度の利益しかとらずに売ってしまったりします。

目標を立てると欲が生まれて、**目先の欲や恐怖でメンタルがぶれてしまい、自分の売買ルールが守れなくなる**のです。

株は、自分本位では絶対に勝てない

目標とする利益を先に決めても、意味がありません。なぜなら、株の利益は自分が決めるものではなく、相場が決めるものだからです。自分の思い通りに株価が上がるとは限りません。多くの人はここを勘違いしています。

株価が上がるのは、より多くの人が買うからです。**企業の中身をしっかり見て、より多くの人が買う株を買えば、株価が多少上げ下げしても冷静な判断ができます。**

株神の苦言❺

「利益は、自分が決めるものではない
相場が決めるもの」

失敗例

6 根拠のないほれ込みで塩漬けに

なぜ、塩漬け株はいけないのか？

「いつか上がる」にも根拠が必要

「貯金よりも効率よくお金を増やしたい！」と、株式投資を始めたOLのA子さん。あるとき、好きなタレントがCMキャラクターをつとめるB社の株を直感で買いました。株主優待や配当をもらい「株主気分」を味わうA子さん。いつしか、その会社が大ヒット商品を生み出すと信じて応援するようになりました。ところが、B社はなかなかヒット商品を開発できず、株価は下落。A子さんが投資したお金は50％も含み損が出ています。

それでもA子さんは「またいつか上がったときに売ればいい」と株を塩漬けにしてしまいました。

A子さんのように、株を塩漬けにしてしまう人の多くは、なんの根拠もなくその銘柄が「いつかは上がる」と思っています。また**「売らなければ損していない」という心理からロスカットもできません。**これでは、株式投資をする意味がありません。

株式投資の目的を見失わない

株式投資は「お金を寝かせていたらもったいない」と思う人がやるものです。株を売らずに塩漬けにする行為は、そもそもの目的に逆行しています。

株は売買しなければ利益を出すことができません。根拠のないほれ込みで株を持ち続けるのはやめましょう。

株神の苦言❻

「根拠のないほれ込みはギャンブルといっしょ！」

失敗例

7 投資顧問や雑誌の情報をうのみにする

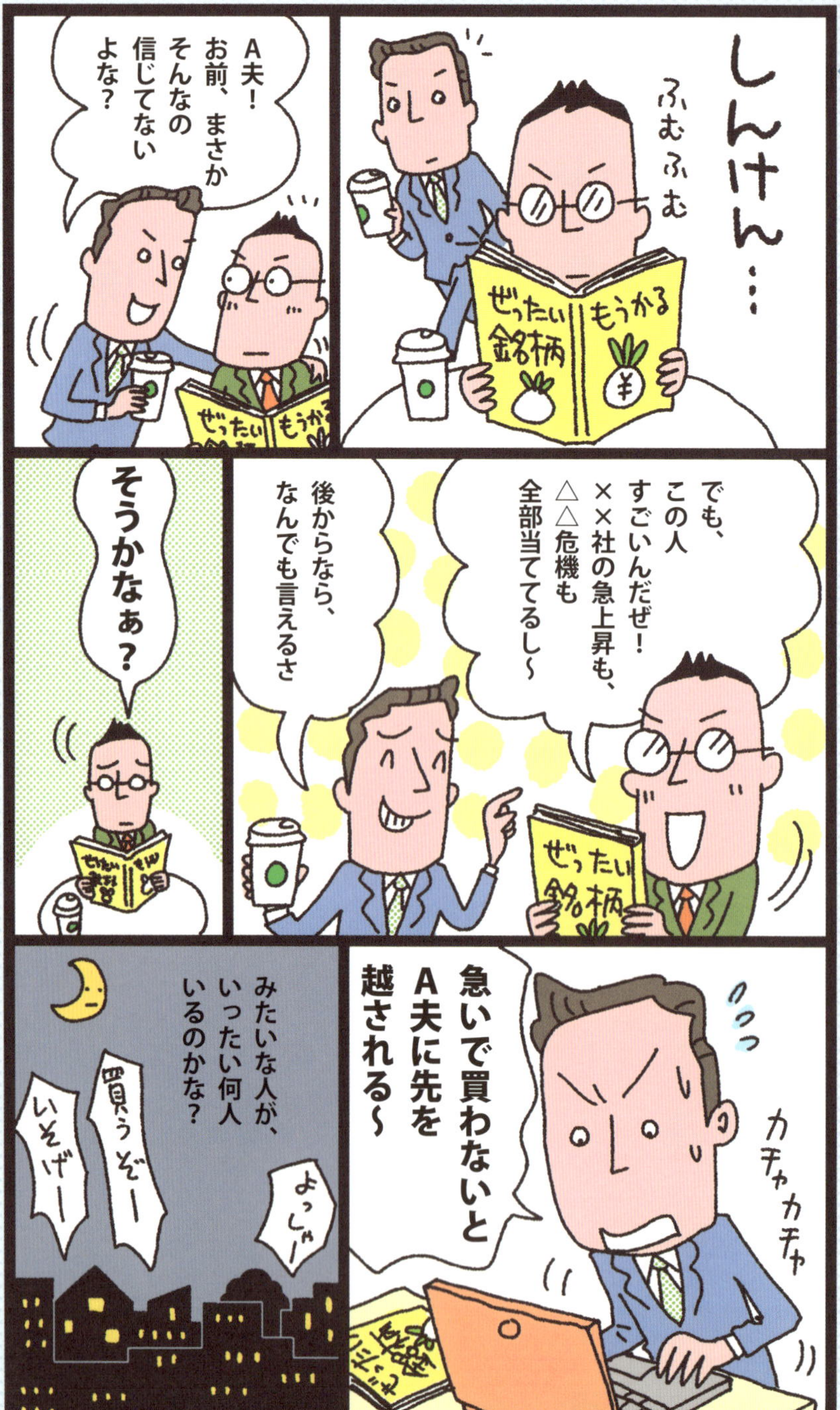

なぜ、「プロの意見」を信じてはいけないのか？

意図的に良い情報を流す業者もいる

株式情報サイトや証券会社のホームページなどを見ると、プロの証券アナリストなどが銘柄の分析を行っているレポートが公開されています。しかし、「プロが予想しているから信頼できる！」と、自分で何も調べずに株を購入すると、痛い目にあうことがあります。

なぜなら、**仕手筋や機関投資家などが持ち株を売りたいがために、良い材料や噂を流して他者に買わせようとすることがあるからです。**そして、その情報を流す投資顧問業者も存在します。

株で儲けるには必ず誰かに高値で売りつけなければなりません。**売り手に都合のよい情報に踊らされた個人投資家は、損をしても泣き寝入りするしかありません。**

企業の業績は自分で分析できる

プロの意見はうのみにせず、「そういう見方もある」程度に聞き流すか、見なくても不都合はありません。

企業の業績は、会社が発表する決算書とIR情報をストレートに受け止め、自分で分析すればいいのです。

上場企業が発行する有価証券報告書には、必ず問い合わせ用の連絡先が書いてあります。疑問があれば、そこに電話をすれば、個人投資家の質問でもほとんどの企業は、快く答えてくれます。

株神の苦言⑦

「自分の判断基準をしっかり持とう！」

失敗から学ぼう

株で勝つための掟《ルール》

なぁなぁで勝てるほど
株は甘くない!
失敗する人の多くが
左の基本を理解しとらん

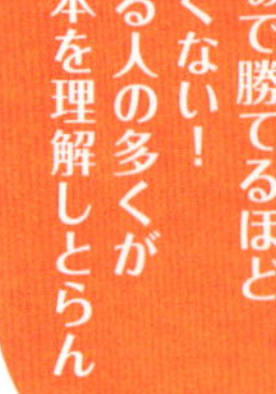

掟1 自分がいい、ではなく他人がいいものを選ぶ

株式投資はよく「美人投票」と言われます。自分ひとりが「いい」と思うだけでは勝てません。株価は買いたい人が多ければ上がり、売りたい人が多ければ下がります。**多くの他人が買いたいと思う会社というのは、客観的、多角的に見て、ファンダメンタルズが優れた会社のこと**です。

こんなに有名だから
みんながよいと
思っているに
ちがいない

ファンダメンタルズ
分析で“よい理由”
をちゃんと
理解すること

→2章へ

掟2 予想してはいけない

株式のマーケットは想像以上に巨大で、一個人のわずかな資金が株価の上げ下げに影響するものではありません。よほどの大きな資金を動かさなければ、マー

こんなによい
会社だから
絶対に上がる!

ケットを操ることはできないのです。株価が上がるか下がるかを予想して売買するのはナンセンスです。株価は自分の思い通りには動きません。**こちらが株価の動きに合わせるしかありません。**勝手に動く株価に自分が合わせて儲けを出すには、2つの武器が必要です。それは売買ルールと資金管理です。この武器を持って、巨大なマーケットの波にぶつかっていきましょう。

株価の動きは予想できない。値動きに合わせてスタンスをとる

3章へ

掟3 借金をしてまで株はやらない

株式投資は資産運用です。資金がない人が、お金を借りてまでやるものではありません。借金と資産運用はエネルギーの方向が正反対です。「お金がないから増やしたい」という人もいますが、借金には返済計画や返済期限があります。気持ちに焦りが出て、無理な売買をしがちです。返済がプレッシャーになり、ルールを破ってしまうのです。余裕資金がない人は資金を貯めることが先決です。

資産運用
…お金に余裕がある人
真逆のエネルギー
借金
…お金に困っている人

株は下がって当たり前 その時に次の手を打てる余力がなければ勝てない

4章へ

COLUMN

株で上手くいく人、いかない人の違い

株の学校で、同じ投資法を教わっても、上手くいく人とそうでない人という、違いが出てきます。なぜ同じことを学んで違いが出るのか？

一言でいえば「メンタル」にあります。例えば、買った株を気にして、ずーっと株価をチェックしてしまう人は、そこで神経をすり減らし、長く株を持っていることがストレスとなることも。その挙句手放すことになり、あとでその銘柄が大きく上昇し、自己嫌悪に陥る……典型的な株で上手くいかない人の例です。

逆に買ったあと、のんびりし過ぎたり、欲が邪魔をしてせっかく利益が出ているのにみすみす売るタイミングを逃してしまったり……「うまくいかない」主な理由は、ルールを守らないことにあります。

メンタルとルールは紙一重。ルールをメンタルが凌駕してしまえば感情での売買となってしまい、いくら優れた手法を学んだとしても上手く使いこなすことができません。株で成功するためには、感情に流されず、ルールに則って売買をしていくことが重要なのです。

良いニュースにも、気をつけよう！

「新聞やニュースで良い内容が出ていたので株を買う」

これも危険なやり方です。相場には「材料出尽くし」という言葉があります。ニュースが出る前に、あらかじめその好材料が出ることを見込んで既に上昇していることが多く、実際に良いニュースが出ても、株価へのインパクトがなくなっていることもあります。好材料が出ると、それをきっかけに株が売られたり、その日は朝から買いが膨らんだりしますが、寄り付きが天井で高値掴みをさせられることもあります。

好材料に踊らされることなく、そんな好材料が「これから出てきそうな」銘柄を、腰を据えてじっくり探すほうが賢明です。

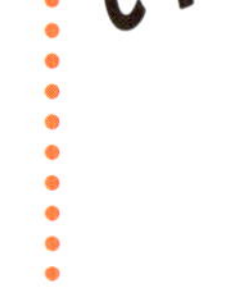

2章

ファンダメンタルズ分析で銘柄を選ぼう

ファンダメンタルズ分析って必要？

では…
ペリッ
ペリッ
B
A
A
A
Bかな…
B
A
えー〜
B
A
やった
よかった
やったー♪
そのとーり!!
こんなのわかるわけないじゃん!

ファンダメンタルズ分析も行わず、銘柄を選ぶなんて、ギャンブルといっしょなんだ
ギャンブル!?
なるほど～
でもお
企業分析なんて難しいし
いい企業は株価も高いから、買ってもしかたないし
経常利益は一応見てるんですけどねー
しょせん株なんてギャンブルっしょ!
チェックすればいい項目はこの7つ
・業績→ p.46
・PER → p.52
・ROE → p.56
・自己資本比率→ p.60
・配当利回り→ p.62
・悪いニュース→ p.64
・TICK → p.66
バン
これだけ?
株をギャンブルだと思っている人はいつまでも勝てませんよ
じーーっ
う…
これだけだったら見てもいいかな

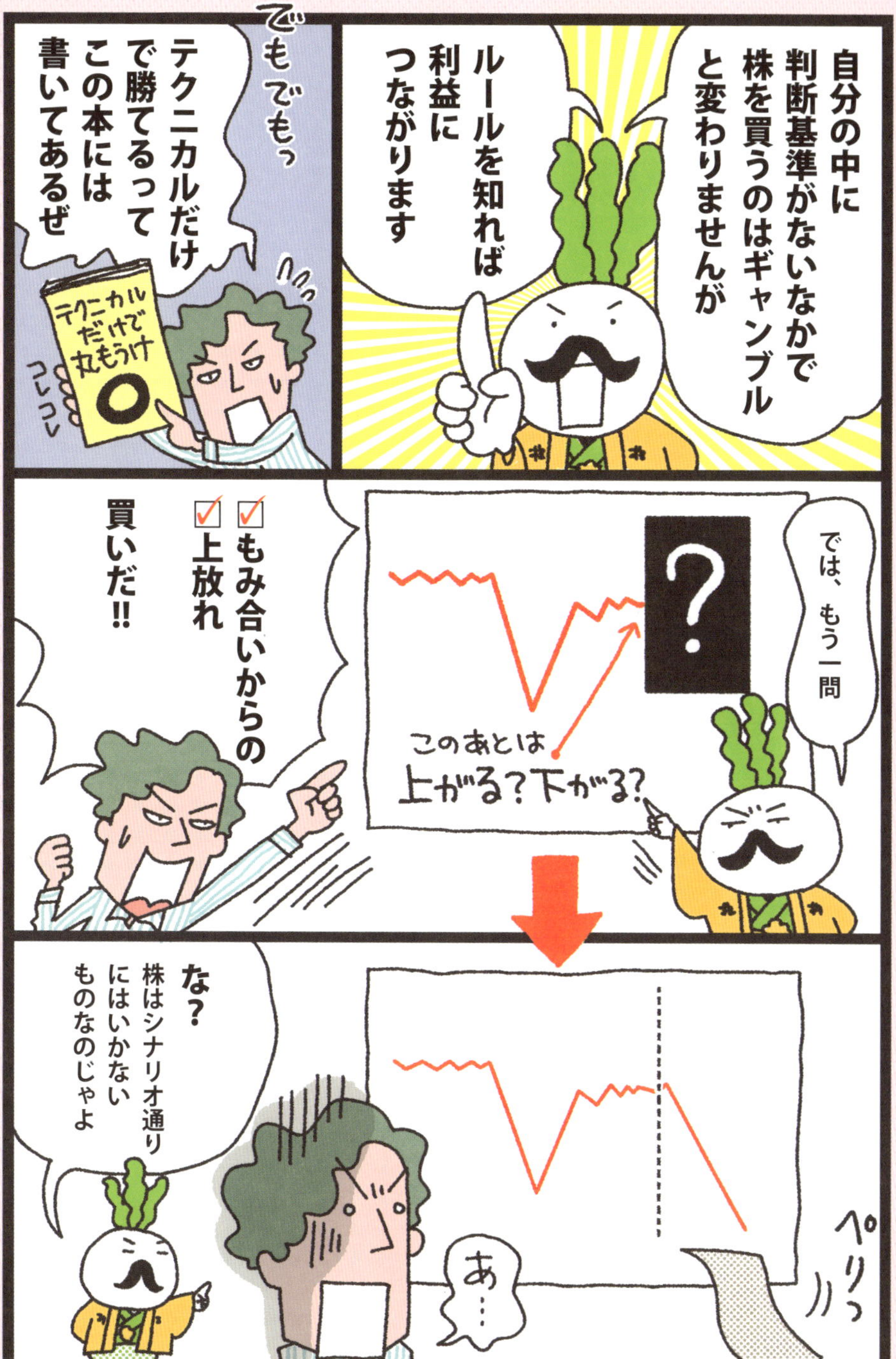
自分の中に判断基準がないなかで株を買うのはギャンブルと変わりませんが
ルールを知れば利益につながります
でもでもっ
テクニカルだけで勝てるってこの本には書いてあるぜ
テクニカルだけで丸もうけ
コレコレ
では、もう一問
?
このあとは
上がる？下がる？
☑もみ合いからの
☑上放れ
買いだ!!
な？
株はシナリオ通りにはいかないものなのじゃよ
あ…
ペリっ

選

分析

ファンダメンタルズ分析は必須

「良い株」はどうやって見つける？

株式市場では、「利益を上げる会社の株」を「良い株」と考えます。

何を当たり前のことを？　と思う人もいるかもしれません。しかし、何をもって「利益が上がる」と判断するのか、ここに株神と株民の分かれ道が存在します。

現在、株式市場には、なんと、３９００社が上場しています。こんなにたくさんの中から、優良株を見つけるのは、かなり大変な作業のように思えます。つい面倒くさくて、勘だけで買ってしまったり、チャートの形で買ったり……というのでは、いつまでも株民のまま、株で成功することはできません。

また、日常生活で「あの会社は儲かりそう」というアンテナは、ヒントにはなりますが、それで株を買うのは慌てすぎ。

「良い株選び」には、きちんとした根拠が必要なのです。

株では、「自分が」より「みんなが」の考えが大事

「良い株」の根拠となるのが、ファンダメンタルズ分析です。ここでは、根拠がきちんと数字で現れます。株は、「自分が良い」と思うものではなく「みんなが良い」と思うものを選ぶことが基本。「みんなが良い」と思うかどうかも、自分の思い込みではなく、すべてファンダメンタルズ分析に照らし合わせて判断するのが株神への道なのです。

用語解説

【ファンダメンタルズ分析】

景気の動向や、企業の決算書などの財務諸表から、投資すべきかどうかを判断する手法。会社四季報等の雑誌や、企業のホームページ等で開示されるIR情報をもとに、会社の利益に対して株価が割安か割高か、会社の資産に対して株価が割安か割高か、配当利回りは何%か、効率よく収益を上げているかなど、さまざまなデータを複合的に分析します。

業績がいいかどうかは、数字で確認する

【株神の場合】

この会社良さそうだ。

会社が発表しているデータや『会社四季報』(東洋経済新報社)、『日経会社情報』(日本経済新聞社)、ネット証券のツールなどで必ず**数字を確認する。**

【株民の場合】

・○○が流行っている。
・新聞で良い材料が出ていた。

この会社儲かりそう！

~~株を買う~~

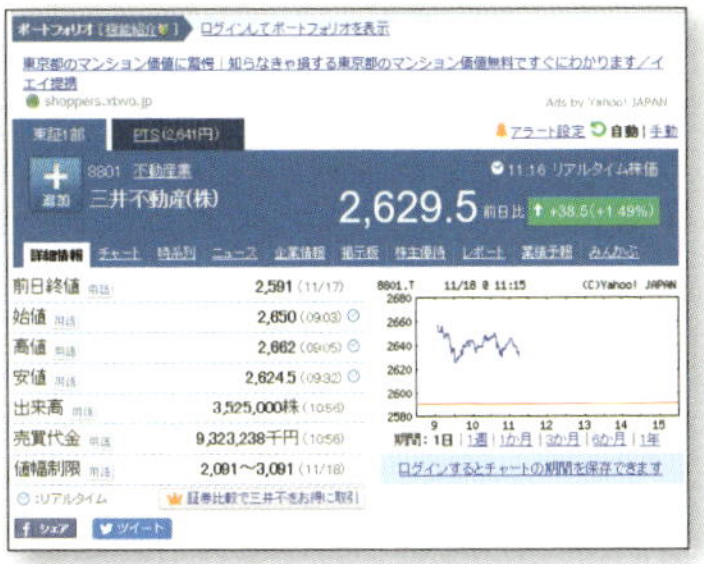

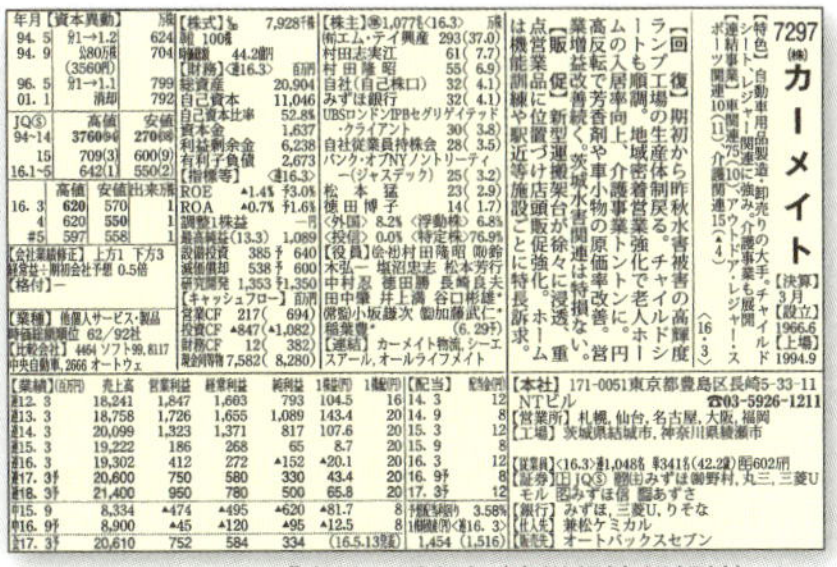

『会社四季報』(東洋経済新報社)より

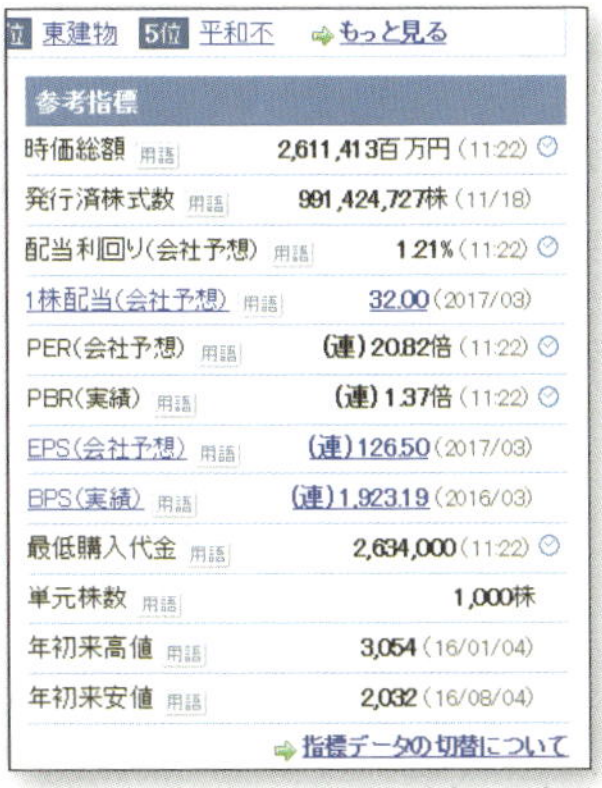

参考指標	
時価総額	2,611,413百万円 (11:22)
発行済株式数	991,424,727株 (11/18)
配当利回り(会社予想)	1.21% (11:22)
1株配当(会社予想)	32.00 (2017/03)
PER(会社予想)	(連) 20.82倍 (11:22)
PBR(実績)	(連) 1.37倍 (11:22)
EPS(会社予想)	(連) 126.50 (2017/03)
BPS(実績)	(連) 1,923.19 (2016/03)
最低購入代金	2,634,000 (11:22)
単元株数	1,000株
年初来高値	3,054 (16/01/04)
年初来安値	2,032 (16/08/04)

Yahoo! ファイナンスより

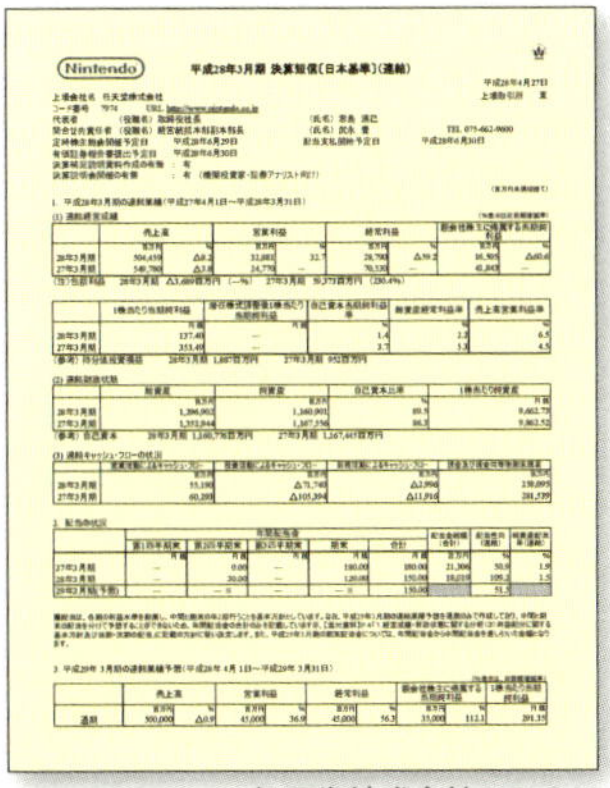

任天堂株式会社 HP より

具体的にはどこを見たらいい？

企業を分析するといっても、いろいろな情報があり、数値があります。
その全てを確認する必要はありません。
本書のルールでは、次の7つをチェックするだけでOKです。

※❶〜❼は、本書でご紹介する「業績の見方」のルールの番号順です。

【決算短信】

Nintendo　**平成28年3月期 決算短信〔日本基準〕(連結)**

平成28年4月27日
上場取引所　東

上場会社名　任天堂株式会社
コード番号　7974　URL http://www.nintendo.co.jp
代表者　（役職名）取締役社長　（氏名）君島 達己
問合せ先責任者（役職名）経営統括本部副本部長　（氏名）武永 豊　TEL 075-662-9600
定時株主総会開催予定日　平成28年6月29日　配当支払開始予定日　平成28年6月30日
有価証券報告書提出予定日　平成28年6月30日
決算補足説明資料作成の有無　：有
決算説明会開催の有無　：有（機関投資家・証券アナリスト向け）

（百万円未満切捨て）

1. 平成28年3月期の連結業績（平成27年4月1日〜平成28年3月31日）

(1) 連結経営成績　（%表示は対前期増減率）

	売上高		営業利益		経常利益		親会社株主に帰属する当期純利益	
	百万円	%	百万円	%	百万円	%	百万円	%
28年3月期	504,459	Δ8.2	32,881	32.7	28,790	Δ59.2	16,505	Δ60.6
27年3月期	549,780	Δ3.8	24,770	—	70,530	—	41,843	—

（注）包括利益　28年3月期　Δ3,689百万円（—%）　27年3月期　59,373百万円（230.4%）

	1株当たり当期純利益	潜在株式調整後1株当たり当期純利益	自己資本当期純利益率	総資産経常利益率	売上高営業利益率
	円 銭	円 銭	%	%	%
28年3月期	137.40	—	1.4	2.2	6.5
27年3月期	353.49	—	3.7	5.3	4.5

（参考）持分法投資損益　28年3月期　1,887百万円　27年3月期　952百万円

(2) 連結財政状態

	総資産	純資産	自己資本比率	1株当たり純資産
	百万円	百万円	%	円 銭
28年3月期	1,296,902	1,160,901	89.5	9,662.73
27年3月期	1,352,944	1,167,556	86.3	9,862.52

（参考）自己資本　28年3月期　1,160,776百万円　27年3月期　1,167,445百万円

(3) 連結キャッシュ・フローの状況

	営業活動によるキャッシュ・フロー	投資活動によるキャッシュ・フロー	財務活動によるキャッシュ・フロー	現金及び現金同等物期末残高
	百万円	百万円	百万円	百万円
28年3月期	55,190	Δ71,740	Δ2,996	258,095
27年3月期	60,293	Δ105,394	Δ11,916	281,539

2. 配当の状況

	年間配当金					配当金総額（合計）	配当性向（連結）	純資産配当率（連結）
	第1四半期末	第2四半期末	第3四半期末	期末	合計			
	円 銭	円 銭	円 銭	円 銭	円 銭	百万円	%	%
27年3月期	—	0.00	—	180.00	180.00	21,306	50.9	1.9
28年3月期	—	30.00	—	120.00	150.00	18,019	109.2	1.5
29年3月期(予想)	—	—※	—	—※	150.00		51.5	

※配当は、各期の利益水準を勘案し、中間と期末の年2回行うことを基本方針としています。なお、平成29年3月期の連結業績予想を通期のみで作成しており、中間と期末の配当を分けて予想することができないため、年間配当金の合計のみを記載していますが、【添付資料】P.4「1.経営成績・財政状態に関する分析（3）利益配分に関する基本方針及び当期・次期の配当」に記載の方針に従い決定します。また、平成29年3月期の期末配当金については、年間配当金から中間配当金を差し引いた金額となります。

3. 平成29年 3月期の連結業績予想（平成28年 4月 1日〜平成29年 3月31日）

（%表示は、対前期増減率）

	売上高		営業利益		経常利益		親会社株主に帰属する当期純利益		1株当たり当期純利益
	百万円	%	百万円	%	百万円	%	百万円	%	円 銭
通期	500,000	Δ0.9	45,000	36.9	45,000	56.3	35,000	112.1	291.35

❶ 経常利益が増えているか？
→ P.46へ

❹ 自己資本比率は高いか？
→ P.60へ

❻ 悪いニュースは出ていないか？
→ P.64へ

任天堂株式会社 HP より

【ネット証券ツール】

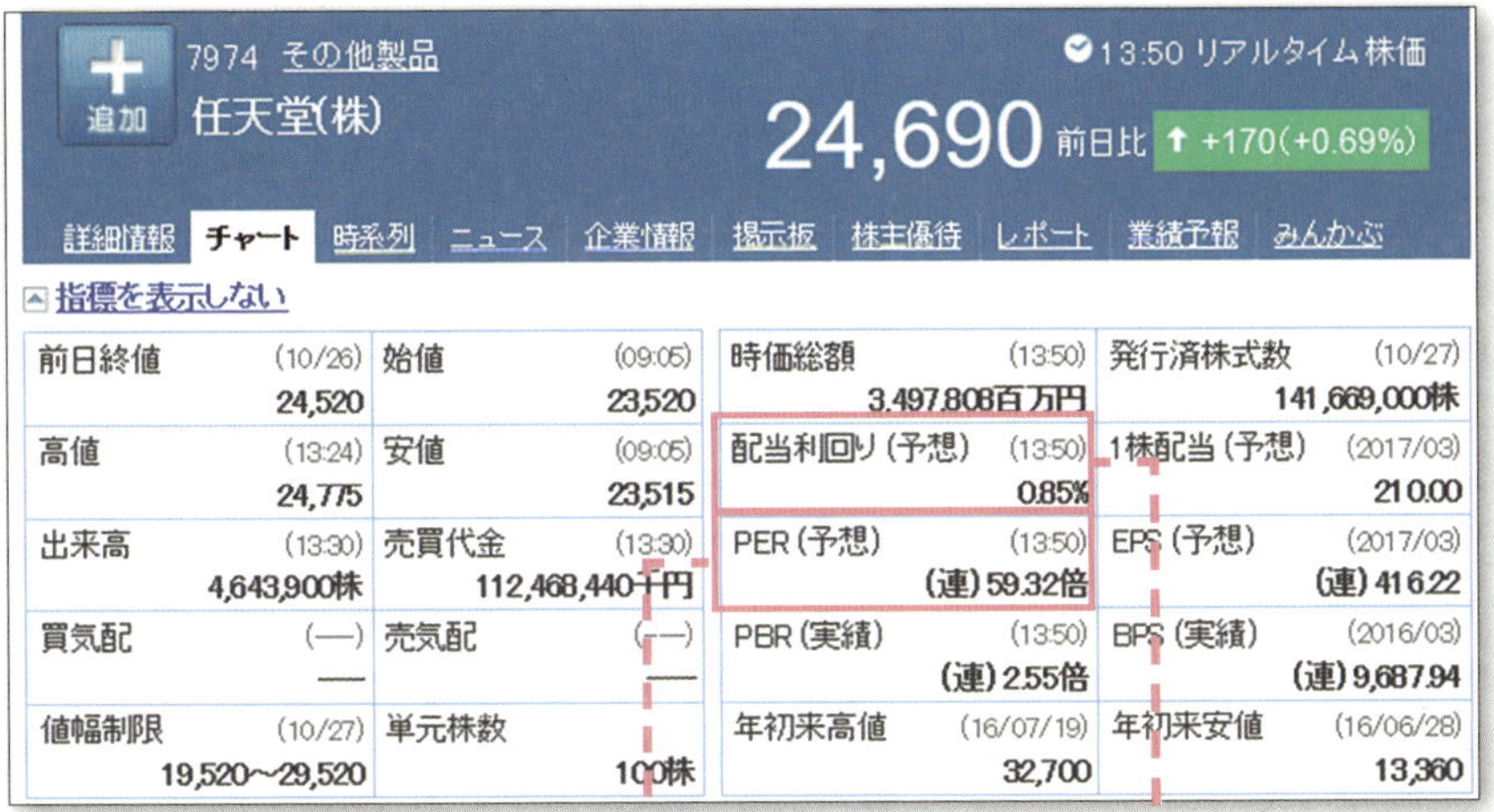

❷ PERが低いか？ → P.52へ

❺ 配当利回りがよいか？ → P.62へ

【会社四季報】

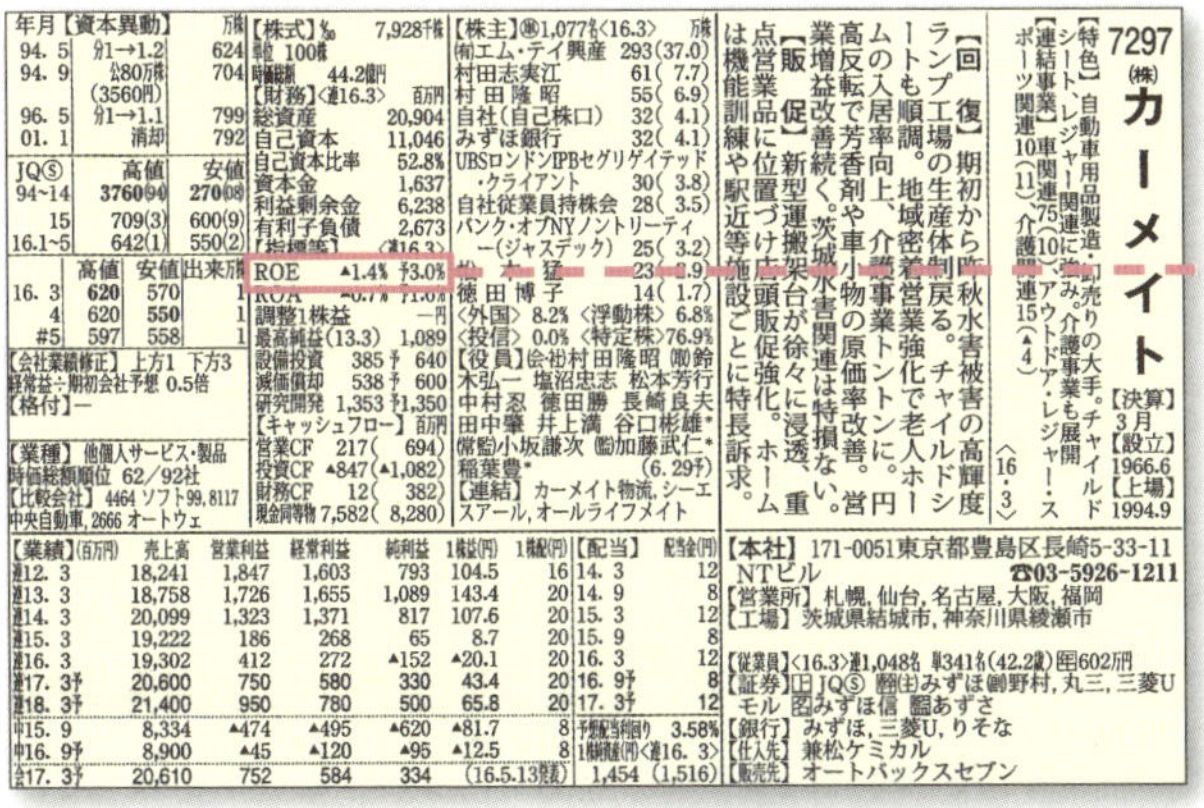

❸ ROEが高いか？ → P.56へ

【ネット証券ツール】

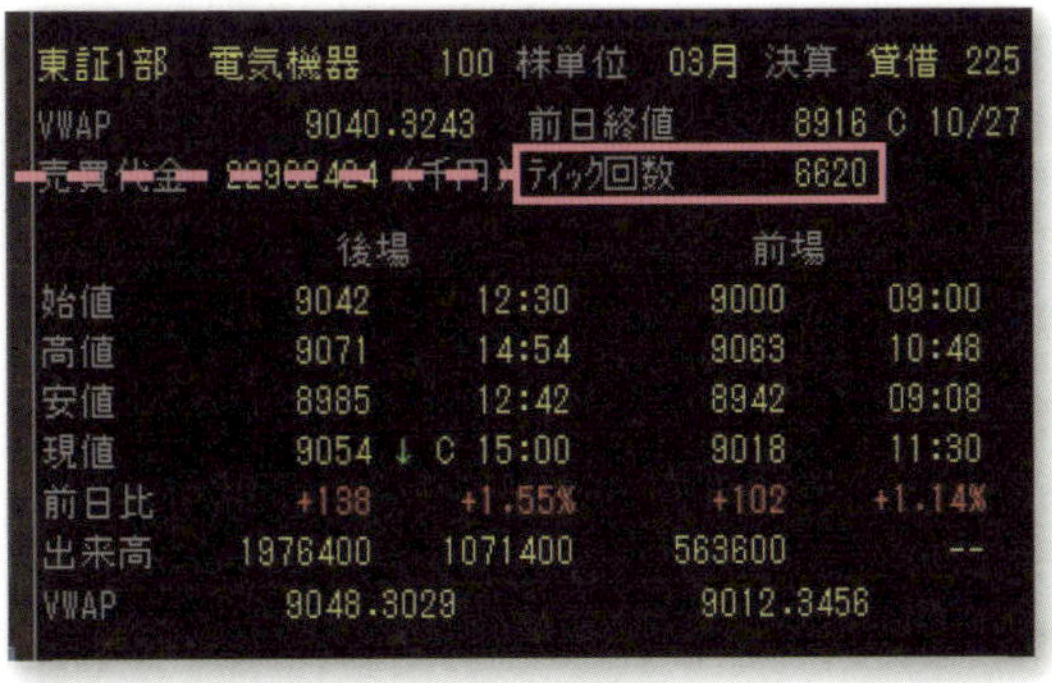

SBI証券より

❼ Tick(約定回数)は50回以上か？ → P.66へ

業績はどこを見ればわかる？

わたしは、ネットでちゃんと業績をチェックします
2,629.5
感心じゃが、この中のどの数値をチェックする？
当期純利益500百万円
これが増えていればOKですよね？
じつは…
その「当期純利益」にはちょっとしたワナがあるんじゃ
ふっふっふ
ワナ!?
ひえーーー
なに!?
くわしくはP46へ
「当期純利益」には、本業で得た利益だけではなく、
マンションを売買したときとかそのときだけ発生した「特別利益」「特別損失」も含まれているんじゃ
工場
あわわ…
そうすると、純粋に商売がうまくいっているのかどうか、わからないわね
どうか、わたしに業績の正しい見方を教えてください
うむ

業績の見方①

「経常利益」が増えているか？

「当期純利益」はゆがみやすい

個人投資家のみなさんが企業の業績を判断するとき「当期純利益」を見るという人が多くいます。それは、企業活動の最終成果である「当期純利益」が増えれば、株主に対する利益の分け前＝「配当」が増えるというイメージがあるからです。

しかし、当期純利益には、「特別利益」「特別損失」という数字が含まれています。これは、会社が持っていた不動産を売却したときなどに発生する臨時の損益です。たとえ会社の業績が悪くても、資産等の売却で利益が出てしまった場合は、その期だけ「当期純利益」が増えることがあります。

企業の実力は経常利益でわかる

決算書をチェックするときの一つ目のポイントは「経常利益」です。「経常利益」は、本業の売り上げからコストを引いた儲け（営業利益）と、その儲けを銀行に預けたときにつく利息など（営業外収益）、銀行からの借入金などに対する支払利息（営業外費用）などをひっくるめた数字です。

「当期純利益」と違い、臨時的な損益の影響を受けません。その数字を見れば、会社の本業での儲けがストレートにわかります。**会社の業績を判断するときは、経常利益の推移を見て、前期より今期が増えているか？ということに注目**してください。

用語解説　【業績予想】

上場企業は年に1回の本決算時に、今年度の自社の業績を予想した数値を発表します。発表後に、直近の売上高などから算出した数値が予想値と差が出た場合、修正されることがあります。発表した予想より良くなりそうなときは「上方修正」、悪くなりそうなときは「下方修正」をします。

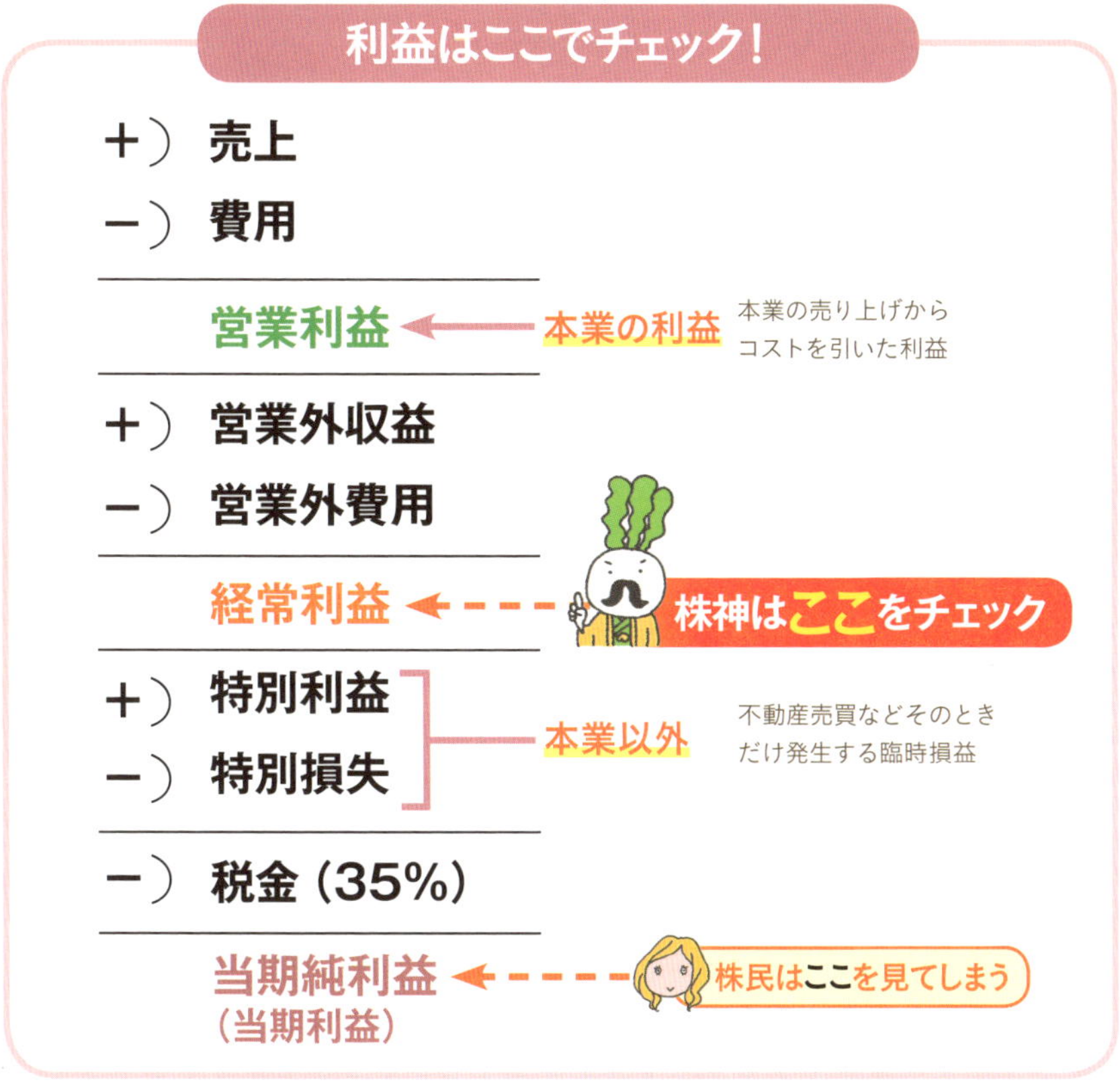

【会社四季報】

7299 フジオーゼックス

【特色】大同特殊鋼系エンジンバルブ最大手。ディーゼル、ガソリン両方対応。米国TRW社と提携解消
【連結事業】自動車部品製造100【海外】17
【決算】3月【設立】1951.12【上場】1994.12

〈16・3〉
【先行負担】トヨタやスバル向け軸に北米好調。国内は三菱重工工作機械から譲受した中実バルブが下期貢献開始。中国やインドネシアも能力増強完了。下期稼働のメキシコ立ち上げ負担や償却費重く、営業減益。
【育成】三菱重工工機との中空バルブ合弁会社は燃費改善効果大きい傘中空型の量産技術開発中。将来の収益柱へ育成急ぐ。静岡工場に16年度、開発や実験の新棟建設。

年月	【資本異動】	万株
91. 3	三者18万株（8500円）	183
93. 1	分1→10	1,835
94.12	公220万株（920円）	2,055

東証②	高値	安値
94~14	**1315**(05)	**140**(99)
15	615(3)	432(10)
16.1~5	496(1)	373(2)

	高値	安値	出来万株
16. 3	**458**	443	1
4	448	401	3
#5	438	**375**	10

【会社業績修正】上方1 下方0
経常益÷期初会社予想 1.2倍
【格付】—

【業種】自動車部品
時価総額順位 92／131社
【比較会社】6493 日鍛バルブ，7218 田中精密工，7271 安永

【株式】⅒ 20,559千株
単位 1000株
時価総額 79.9億円
【財務】〈連16.3〉 百万円

総資産	28,677
自己資本	23,701
自己資本比率	82.6%
資本金	3,018
利益剰余金	18,208
有利子負債	0

【指標等】〈連16.3〉

ROE	5.4%	予3.0%
ROA	4.4%	予2.4%
調整1株益		—円
最高純益(06.3)		2,185
設備投資	2,970	予‥
減価償却	1,249	予‥
研究開発	245	予‥

【キャッシュフロー】百万円

営業CF	1,785	(2,315)
投資CF	▲933	(▲2,925)
財務CF	▲668	(▲205)
現金同等物	8,042	(8,043)

【株主】㊥1,170名〈16.3〉 万株

大同特殊鋼	933(45.4)
大同興業	108(5.2)
ジェイアンドエス保険サービス	65(3.1)
りそな銀行	64(3.1)
日本トラスティ信託口	59(2.8)
自社取引先持株会	49(2.3)
UBSロンドンIPBセグリゲイテッド・クライアント	46(2.2)
ノムラシンガポールCセグリゲイテッドFJ1309	41(2.0)
BNPパリバSS(ルクス)BP2SダブリンAIFM	19(0.9)
石井良明	17(0.8)

〈外国〉10.1% 〈浮動株〉22.0%
〈投信〉0.0% 〈特定株〉68.7%
【役員】㈳深谷研悟 ㈹藤川伸二 市川修 小沢英樹 浜田章宏 立花一人 廣井公夫* (常監)河野新治 ⇨巻末
【連結】ジャトス，テトス，オーゼックステクノ，富士気門(広東)

【業績】(百万円)	売上高	営業利益	経常利益	純利益	1株益(円)	1株配(円)
連12. 3	16,200	1,451	1,594	780	38.0	12記
連13. 3	15,940	1,229	1,418	839	40.9	10
連14. 3	16,299	1,362	1,907	1,387	67.6	10
連15. 3	16,903	1,012	1,576	939	45.7	10
連16. 3	17,503	1,391	1,570	1,257	61.2	12
連17. 3予	19,000	1,100	1,000	700	34.1	12
連18. 3予	20,000	1,200	1,100	770	37.5	12
中15. 9	8,535	734	945	965	47.0	5
中16. 9予	8,500	200	200	450	21.9	6
会17. 3予	19,000	1,100	1,000	700	(16.4.27発表)	

【配当】	配当金(円)
14. 3	5
14. 9	5
15. 3	5
15. 9	5
16. 3	7
16. 9予	6
17. 3予	6

予想配当利回り 3.08%
1株純資産(円)〈連16. 3〉 1,154 (1,128)

【本社】439-0023静岡県菊川市三沢1500-60 ☎0537-35-5973
【横浜本社】☎045-681-1900
【工場】藤沢，静岡
【従業員】〈16.3〉連793名 単399名(41.0歳) 年668万円
【証券】上東京② 幹(主)日興(副)みずほ，岡三，東海東京，丸三，藍澤，むさし，SMBCフ，共和，東洋 名日証代 監トーマツ
【銀行】りそな，三井住友，みずほ
【仕入先】大同興業
【販売先】日産自動車

『会社四季報』より

業績はどの期間を比べればいい？

決算短信を見る時期で前期または来期と比較

経常利益の推移を見るというのは、かんたんに言えば**前期と今期の数字を比較する**ということです。**前期よりも今期のほうが増えていたら業績は好調。減っていれば業績が悪化**していることが読み取れます。

左ページの決算短信を見てください。経常利益は前期（28年3月期）より今期（29年3月期）のほうが減っていますね。

決算短信は、四半期ごとに発表されますが、気をつけなければならないのは決算短信を見ている時期です。

例えば、3月決算の会社で、1月ぐらいに決算短信を見ると、もう3か月ほどで次の営業年度に入ってしまいます。その場合は、今期と前期ではなく「今期と来期の予想」を比較してみてください。

直近の情報をチェックしよう

【3月決算の場合】

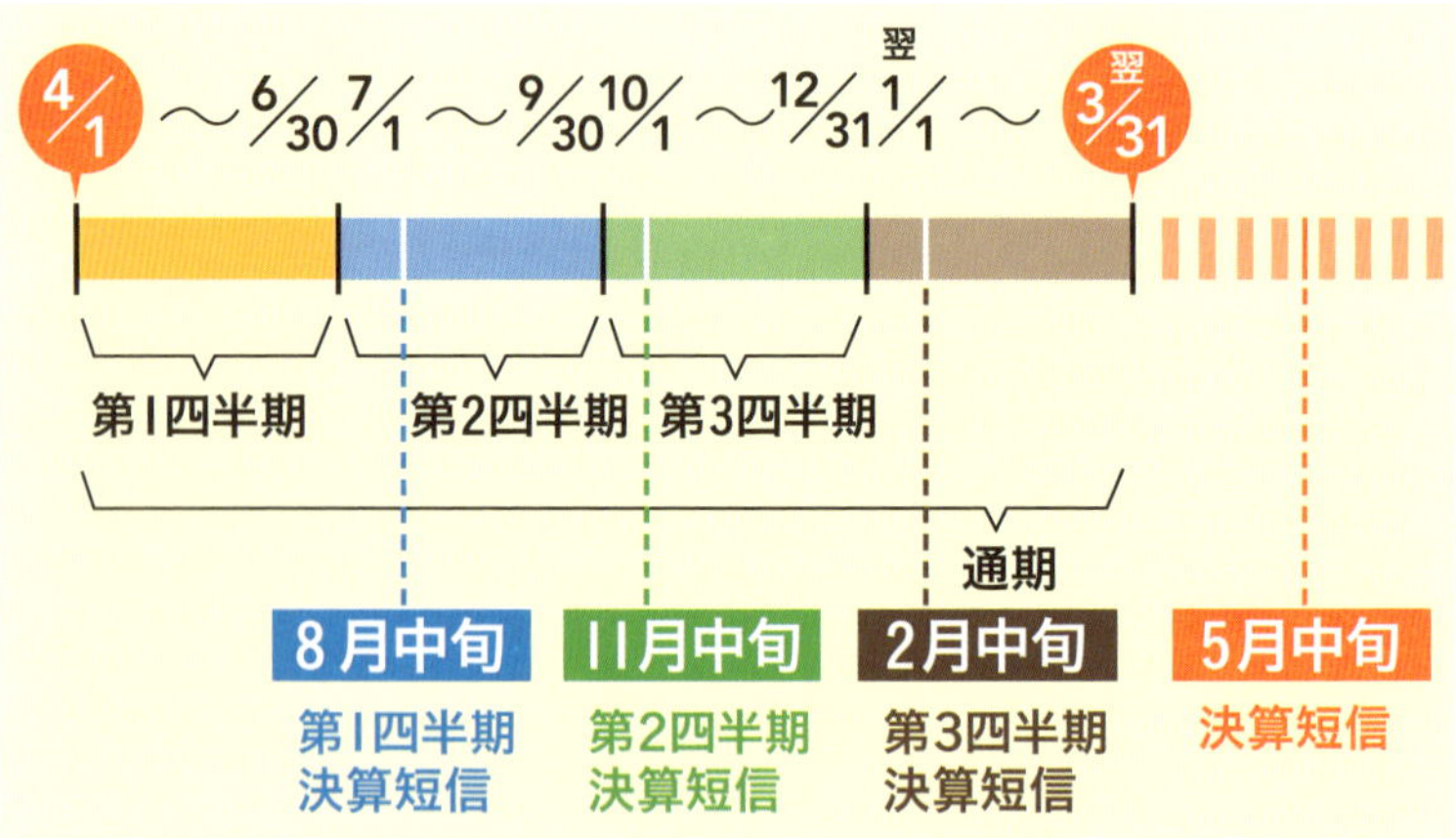

上場企業は、年に4回決算発表を行ないます。決算発表の時期も、決算期末後45日以内と決められています。たとえば、3月決算の会社の第1四半期（4月1日〜6月30日）までの決算は、8月中旬頃までに「第1四半期決算短信」として発表されます。5月中旬頃に発表される通期の本決算では、来期の予想もチェックしよう。

FASF

平成29年３月期　第１四半期決算短信〔日本基準〕（連結）

平成28年８月12日

上場会社名　シチズンホールディングス株式会社　上場取引所　東
コード番号　7762　ＵＲＬ　http://www.citizen.co.jp
代表者　（役職名）代表取締役社長　（氏名）戸倉　敏夫
問合せ先責任者　（役職名）取締役　広報ＩＲ室担当　（氏名）古川　敏之　ＴＥＬ　042-468-4934
四半期報告書提出予定日　平成28年８月12日　配当支払開始予定日　－
四半期決算補足説明資料作成の有無：有
四半期決算説明会開催の有無　：有

こちらは途中経過

（百万円未満切捨て）

１．平成29年３月期第１四半期の連結業績（平成28年４月１日～平成28年６月30日）

（１）連結経営成績（累計）　（％表示は、対前年同四半期増減率）

	売上高		営業利益		経常利益		親会社株主に帰属する四半期純利益	
	百万円	%	百万円	%	百万円	%	百万円	%
29年３月期第１四半期	76,659	△8.4	4,603	△27.5	2,770	△63.6	2,311	△55.4
28年３月期第１四半期	83,690	10.2	6,350	39.0	7,617	62.0	5,178	44.5

（注）包括利益　29年３月期第１四半期　△10,140百万円（－％）　28年３月期第１四半期　8,854百万円（163.3％）

	１株当たり四半期純利益	潜在株式調整後１株当たり四半期純利益
	円 銭	円 銭
29年３月期第１四半期	7.26	－
28年３月期第１四半期	16.03	－

昨年より増えているかチェック

（２）連結財政状態

	総資産	純資産	自己資本比率	１株当たり純資産
	百万円	百万円	%	円 銭
29年３月期第１四半期	382,758	224,337	56.2	675.57
28年３月期	406,462	237,469	56.0	715.38

（参考）自己資本　29年３月期第１四半期　215,027百万円　28年３月期　227,700百万円

２．配当の状況

	年間配当金				
	第１四半期末	第２四半期末	第３四半期末	期末	合計
	円 銭	円 銭	円 銭	円 銭	円 銭
28年３月期	－	8.50	－	8.50	17.00
29年３月期	－				
29年３月期（予		8.50	－	8.50	17.00

（注）直近に公　想からの修正の有無：無

こちらは予想（1年間の）

３．平成29年３月期の連結業績予想（平成28年４月１日～平成29年３月31日）

（％表示は、通期は対前期、四半期は対前年同四半期増減率）

	売上高		営業利益		経常利益		親会社株主に帰属する当期純利益		１株当たり当期純利益
	百万円	%	百万円	%	百万円	%	百万円	%	円 銭
第２四半期（累計）	157,000	△9.9	10,000	△33.3	8,000	△49.0	5,000	△51.1	15.71
通期	319,000	△8.4	21,500	△29.4	19,500	△36.3	12,500	△5.3	39.27

（注）直近に公表されている業績予想からの修正の有無：有

※△は減益の意味（前年比）

通期195億円目標 第2四半期で80億円

達成できそう？

シチズンホールディングス株式会社 HPより

来期の業績予想から下方修正のリスクを見抜く

業績予想は会社が好きなように出せるので、**控え目な会社もあればビッグマウスをたたく会社もあります。**目標が達成できず、下方修正が出ると、株価は下落します。予想が信じられるかどうかは、途中の決算発表から見抜くことができます。

例えば、通期で100億円の利益を予想していた会社があるとします。単純に考えれば、各期に25億円ずつ増やしていけば目標が達成できる計算ですね。ところが、その会社の決算書を見ると、第1四半期で10億円、第2四半期で30億円、第3四半期で50億円しか達成していません。この会社は、あと3か月で50億円稼げなければ下方修正を出すことになります。この時点で、この銘柄はNGだとわかるわけです。

中間チェックで下方修正のリスクを外そう！

（予想……100億の場合）
4/1
翌3/31
（予想）
25億
50億
75億
100億
（実際）
10億
（30億）
（50億）
（80億）
後半がんばらないと予算達成できない
下方修正出てくる可能性大
株神はここをチェック
株民はここだけ見てしまう

会社のクセを読み取ろう！

業績の見方②

PERは低いほどお買い得

投資をしたお金が何年で回収できるか

PERは「株価÷1株当たりの当期純利益」という計算式から出てくる数字で、単位は「倍」で表されます。「PERは低いほうがよい」と、機械的に覚えている人も多いと思います。なぜ、そうなるのかわかっていない人は、ここでPERの意味をおさらいしてみましょう。

PERは、日本語で「株価収益率」と訳されていますが、ようするに「投資したお金が何年で回収できるか」ということです。**単位が「倍」だからわかりにくいのであって、「年」と置き換えるとぐっとわかりやすく**なると思います。

PERは割安度の判断基準

計算式

$$PER = \frac{株価}{1株当たりの純利益}$$

例えば……

A社　株価500円　純利益　25円
B社　株価300円　純利益　25円
→ どっちの株がお得？

A社　$\frac{500円}{25円}$ ＝ PER20倍

B社　$\frac{300円}{25円}$ ＝ PER12倍

PERが低いほうがお得

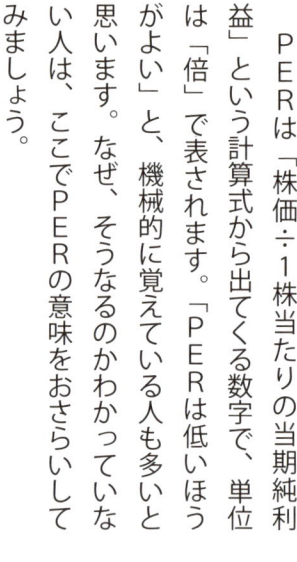

PERは「年」に直して考えるとわかりやすい

お買い得なPER かどうかの判断基準は？

「日経平均や業種別のPER」と比較し、低ければお買い得

投資の回収年数は、短いほどありがたいですよね。たとえば、株価が同じで、PER20倍とPER15倍の会社があったら、15倍のほうが早く投資したお金が返ってくると考えられます。しかし、もっと低い会社と比較すれば15倍でも低くはなくなってしまいます。ではどうやって「高い低い」を判断すればよいでしょう？　それは「日経平均や業種別のPER」との比較です。これは、東京証券取引所に上場している主要銘柄の平均PERで、だいたい15倍前後で動いています。つまり、**15倍より低ければ、お買い得**なわけです。

ただし、PERは当期純利益が使われているため、数値がゆがんでいます。**経常利益から本来のPERを求めましょう。**

PERも経常利益バージョンで計算

真の投資回収年数（実質PER）を調べるために、経常利益で計算しましょう。

経常利益を使って「実質PER」を求める計算式は、下のようになります。現在上場企業に課せられている法人税は平均35％なので、経常利益に1－35％の0.65をかけて、「実質純利益」を求めてそれで時価総額を割ります。これと、日経平均PERの15倍という数値とを比べて、それよりも低ければ、お得という判断になります。

経常利益を使っての実質 PER 計算式

例えば……

株価：300円　発行株数：300万枚

経常利益：2億

$$\frac{300 \times 300\text{万}}{2\text{億} \times 0.65} = 6.9\text{倍}$$

$$\frac{\text{時価総額（株価×発行株数）}}{\text{経常利益} \times 0.65\text{（1－法人税35\%）}}$$

チェックしている銘柄の本当のPERを計算しよう

＼コレと比べる！／

目安　日経平均PER＝約15倍

＼一般的な／
計算式

PER＝株価÷1株当たりの当期純利益

（例）A社のPER＝時価総額1500億÷純利益100億

※表面上はA社と日経平均PERは同じ

しかし、「純利益はゆがみやすい」ため、
「経常利益」から、法人税（約35%）を抜いた
「実質純利益」で本当のPERを計算し直す

＼株神式／
計算式

実質PER＝時価総額÷経常利益×0.65

（実質純利益）

（1－法人税35%）

本当のA社のPER＝時価総額1500億／経常利益経常利益200億×0.65＝130億（1－法人税35%）

＝実質PER 11.5倍

※比較したい銘柄のPERを経常利益で計算しなおし、
日経平均PER15倍以下であればお買い得！

「PER」については、p.74～77でも詳しくおさらい！

選

業績の見方③

ROEが10%以上のものを選ぶ

株式投資に例えて考えてみよう

ROEは「株主資本利益率」と呼ばれている数値です。これもまた、アルファベットとわかりにくい計算式に拒絶反応を起こしがちです。中身を知らずに「高いほうがよい」と覚えている人もいるでしょう。

ROEは、株式投資に例えるとわかりやすくなります。Aさんは株の売買で1年間に200万円稼ぎました。一方、Bさんは120万円稼ぎました。これが当期純利益にあたる部分です。では、2人が使ったお金（自己資本）を比べてみましょう。Aさんが使ったお金は2000万円でしたが、Bさんは200万円でした。ROEを計算すると、Aさんは10%、Bさんは60%です。さあ、どちらが効率よく稼いだでしょうか？

少ない元手で効率よく稼ぐとROEは高くなる

明らかにBさんですね。ROEが「高いほうがよい」というのは、そういう理屈です。ただし、ROEの計算も、当期純利益を使って計算するため、数値がゆがんでいます。こちらも、**経常利益に0．65（1－法人税35%）を掛けて、実質純利益からROEを計算**しましょう。

一般的に上場企業は、ROEを8%以上に高める努力をしています。銘柄を選ぶときは、**経常利益のROEが10%以上の企業を狙う**のがおすすめです。

用語解説　**【ROE】**

Return On Equity の略で「株主資本利益率」または「自己資本利益率」と呼ばれます。企業の収益力を判断するときに用いられる財務指標のひとつで、「企業が自己資本を元手に、いかに効率よく多くの利益をあげることができるか」を見る数値です。出資した株主に対して、どれだけ配当を出す能力があるかということを判断する基準にもなります。

ROEをもっと知ろう

＼一般的な／
計算式

$$\text{ROE(\%)}（株主資本利益率）= \frac{\text{当期純利益（特別損益が計上）}}{\text{自己資本}} \times 100$$

例えば……

A社
1年間で200万円稼ぐ
元手（自己資本）2000万円

B社
1年間で120万円稼ぐ
元手（自己資本）200万円

A社

$$\text{ROE} = \frac{200}{2000} \times 100 = 10\%$$

B社

$$\text{ROE} = \frac{120}{200} \times 100 = 60\%$$

B社の稼ぐ力はA社の6倍

目安 ROE10%以上はほしい

企業はROEを
高める努力を
しているんじゃ。

＼株神式／
計算式

$$\text{実質ROE}（株主資本利益率）= \frac{\text{実質純利益（経常利益×0.65）}}{\text{自己資本}} \times 100$$

→ やはりROE10%以上ほしい。
高いほど収益性が高い。

ROEが高くても危ない場合がある！

ROEの高さだけをうのみにしない

ROEが高い会社は、「稼ぐ力」が優れた会社といえます。ただし、ROEが高いだけでは、経営全体が優れているかどうかはわかりません。ROEが高くても危ない会社というパターンもあります。

先ほどのAさんとBさん、2人の投資家を思い出してください。Aさんは2000万円、Bさんは200万円のお金を使って利益を出しました。

ところが、Bさんに「本当に200万円で稼いだの？」と聞くと「自分のお金は200万。ほかに借金で800万円用意した」と白状しました。実際は1000万円投資して、そのうち80%が借金だったのです。

会社でいえば、資産よりも負債が多く、いくら稼げていても経営状態は不安定といえます。

ROEが高くて負債が多い場合も……

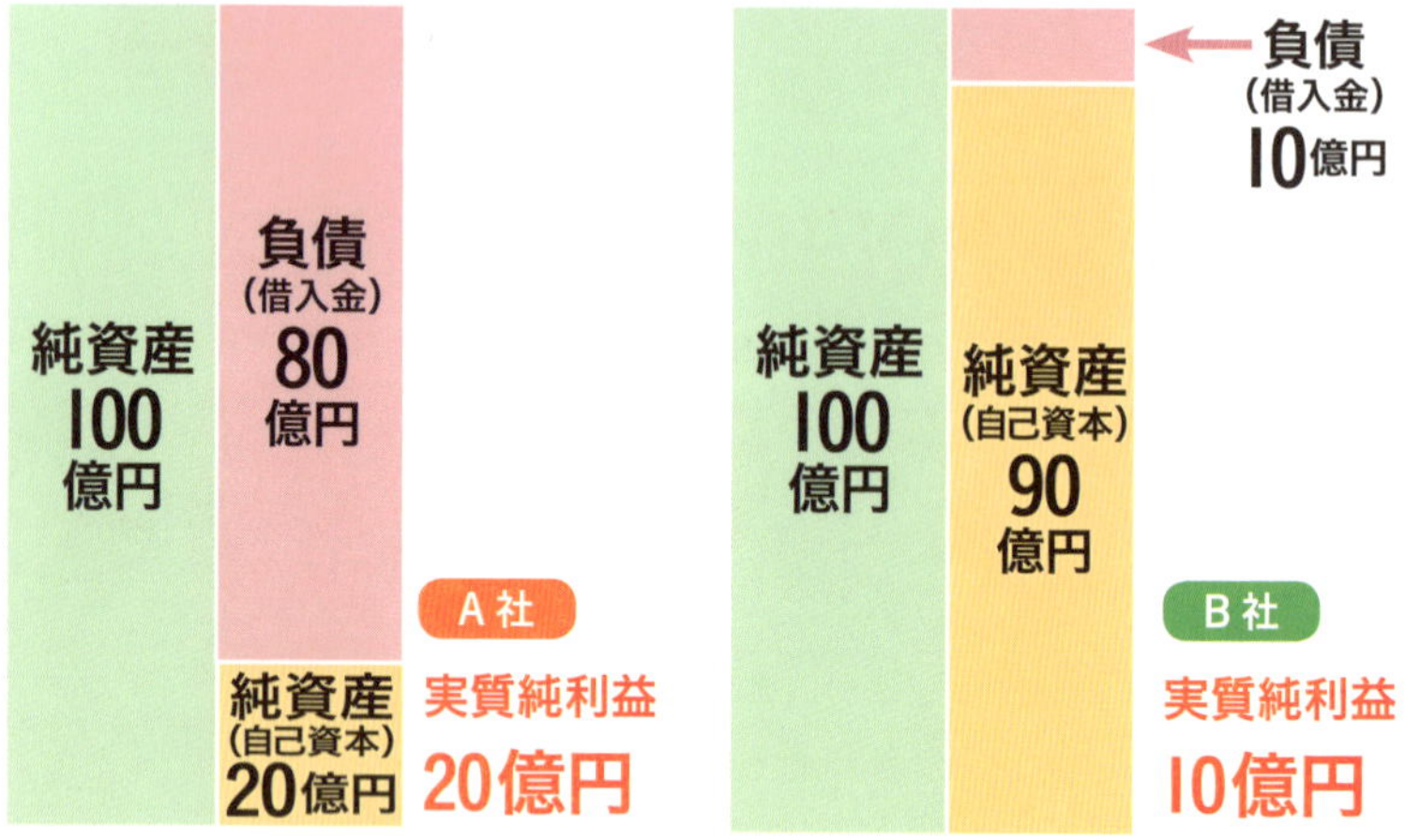
純資産
100
億円
負債
(借入金)
80
億円
純資産
(自己資本)
20億円
A社
実質純利益
20億円
純資産
100
億円
負債
(借入金)
10億円
純資産
(自己資本)
90
億円
B社
実質純利益
10億円

$$ROE = \frac{20}{20} \times 100 = 100\%$$

$$ROE = \frac{10}{90} \times 100 = 11\%$$

A社のほうがROEが高く、稼ぐ力があるけれど、借入金がB社よりも多くて心配

ROEは「株をやっている人」に直すとわかりやすい

選

業績の見方④

自己資本比率が高いほど安心

会社の財産と借金の状況を知る

銘柄を選ぶときは、会社の安全性も重視しなければなりません。ROEが高くても、借金が多い会社は、安全とはいえません。

会社の安全性を知るには「自己資本比率」のチェックは欠かせません。

まず、決算書の中の「貸借対照表」を見てみましょう。これを見れば、会社の財産や借金の状況がわかります。会社の資産は「負債（借金）」と「純資産（自己資本）」で構成されています。**自己資本比率とは、資産のうち純資産が占める割合**を求めたものです。**自己資本比率が高ければ高いほど借金が少なく安全**と考えられます。

自己資本比率40%以上の銘柄を選ぶ

自己資本比率が低い会社は、自己資本が少ないためにROEが高くなる可能性があります。その落とし穴に落ちてはいけません。

自己資本比率が低く、ROEが高い会社は、カードローンでキャッシングをしたお金で、株に投資しているのと同じです。儲かっても借金を返済すれば利益はなくなります。

ROEを見るときは、必ず自己資本比率と組み合わせて考えることが大事です。どれくらい自己資本比率があれば安心かというと、せめて30%以上は欲しいところです。40%以上あれば理想的といえます。

用語解説　【自己資本比率】

企業が持つ資産のうち、株主から調達した資金など返済義務のない資金を自己資本、銀行からの借入金など、返済義務のある資金を他人資本といいます。自己資本比率は、総資産のうち、返済する必要のない自己資本がどれくらいあるかという割合を計算した数値です。自己資本比率は高ければ高いほど経営が安定していると評価されます。

自己資本比率をチェック！

A社

純資産 100億円	負債（借入金）60億円
	純資産（自己資本）40億円

$$\frac{\text{純資産（自己資本）}}{\text{純資産}} \times 100$$

＝自己資本比率

A社の自己資本比率

$$= \frac{40}{100} \times 100 = 40\%$$

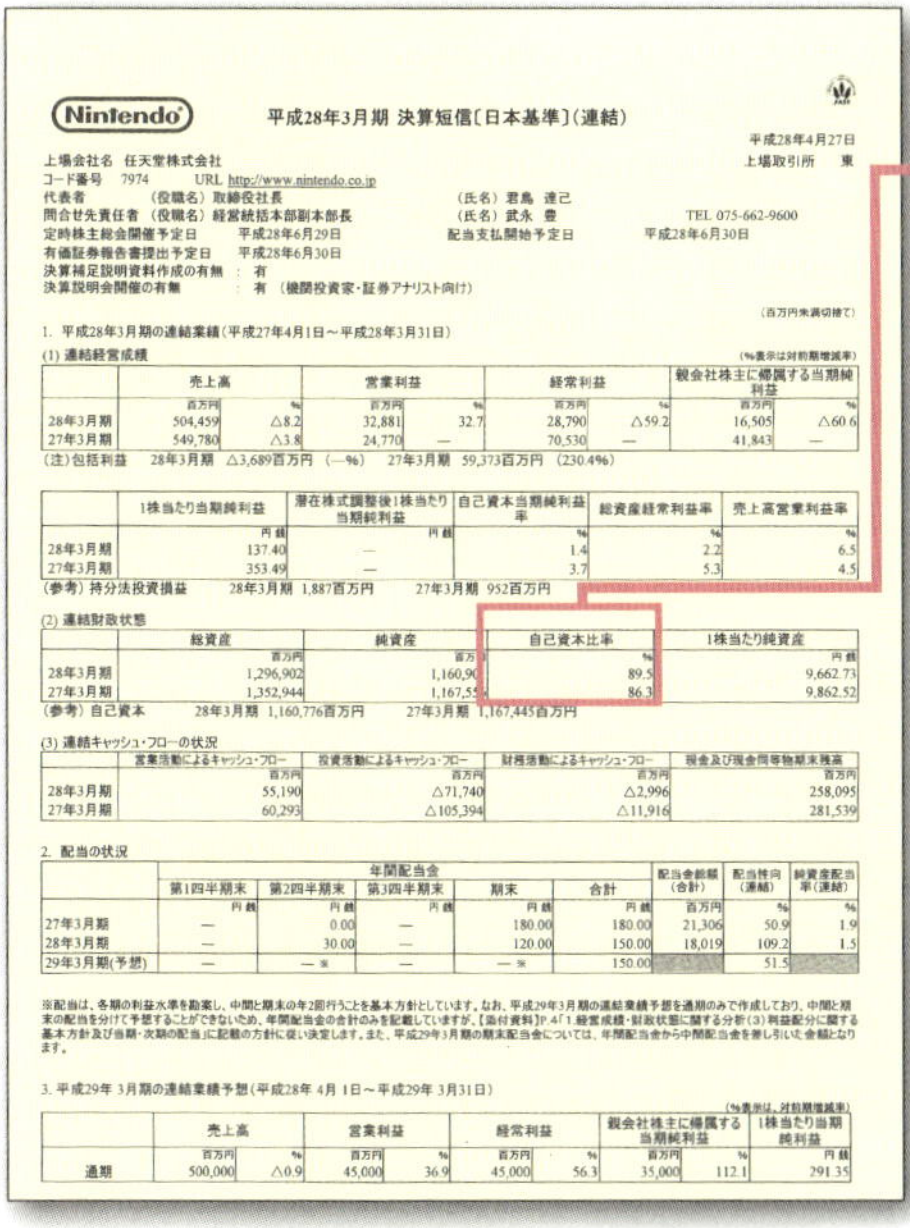

	売上高		営業利益		経常利益		親会社株主に帰属する当期純利益	
	百万円	%	百万円	%	百万円	%	百万円	%
28年3月期	504,459	△8.2	32,881	32.7	28,790	△59.2	16,505	△60.6
27年3月期	549,780	△3.8	24,770	—	70,530	—	41,843	—

(注)包括利益　28年3月期　△3,689百万円　(—%)　27年3月期　59,373百万円　(230.4%)

	1株当たり当期純利益	潜在株式調整後1株当たり当期純利益	自己資本当期純利益率	総資産経常利益率	売上高営業利益率
	円 銭	円 銭	%	%	%
28年3月期	137.40	—	1.4	2.2	6.5
27年3月期	353.49	—	3.7	5.3	4.5

(参考) 持分法投資損益　28年3月期 1,887百万円　27年3月期 952百万円

(2) 連結財政状態

	総資産	純資産	自己資本比率	1株当たり純資産
	百万円	百万円	%	円 銭
28年3月期	1,296,902	1,160,90	89.5	9,662.73
27年3月期	1,352,944	1,167,55	86.3	9,862.52

(参考) 自己資本　28年3月期 1,160,776百万円　27年3月期 1,167,445百万円

(3) 連結キャッシュ・フローの状況

	営業活動によるキャッシュ・フロー	投資活動によるキャッシュ・フロー	財務活動によるキャッシュ・フロー	現金及び現金同等物期末残高
	百万円	百万円	百万円	百万円
28年3月期	55,190	△71,740	△2,996	258,095
27年3月期	60,293	△105,394	△11,916	281,539

2. 配当の状況

	年間配当金					配当金総額（合計）	配当性向（連結）	純資産配当率（連結）
	第1四半期末	第2四半期末	第3四半期末	期末	合計			
	円 銭	円 銭	円 銭	円 銭	円 銭	百万円	%	%
27年3月期	—	0.00	—	180.00	180.00	21,306	50.9	1.9
28年3月期	—	30.00	—	120.00	150.00	18,019	109.2	1.5
29年3月期(予想)	—	—※	—	—※	150.00		51.5	

※配当は、各期の利益水準を勘案し、中間と期末の年2回行うことを基本方針としています。なお、平成29年3月期の連結業績予想を通期のみで作成しており、中間と期末の配当を分けて予想することができないため、年間配当金の合計のみを記載していますが、【添付資料】P.4「1.経営成績・財政状態に関する分析（3）利益配分に関する基本方針及び当期・次期の配当」に記載の方針に従い決定します。また、平成29年3月期の期末配当金については、年間配当金から中間配当金を差し引いた金額となります。

3. 平成29年 3月期の連結業績予想（平成28年 4月 1日～平成29年 3月31日）

(%表示は、対前期増減率)

	売上高		営業利益		経常利益		親会社株主に帰属する当期純利益		1株当たり当期純利益
	百万円	%	百万円	%	百万円	%	百万円	%	円 銭
通期	500,000	△0.9	45,000	36.9	45,000	56.3	35,000	112.1	291.35

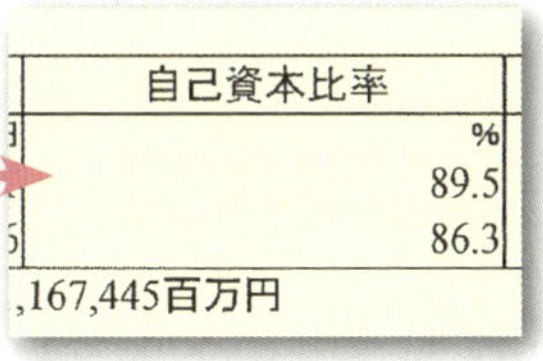

自己資本比率
%
89.5
86.3

,167,445百万円

自己資本が
総資産の 89．5%も
あって
安心じゃな。

目安

- 50%以上なら、まず安心
- できれば40%以上を選ぶ
- 業種によって30%以上でもダメではない

選

業績の見方5

配当利回り2.5％以上を選ぼう

株価が下がると利回りは上がる

銘柄を選ぶとき、配当利回りにも注目しましょう。**配当利回りは、購入した株に対して1年間でどれだけの配当を得られるか**という割合を示すものです。

では、株価と配当利回りの関係を整理してみましょう。例えば、株価が100円で年間2円の配当を出す会社があったとします。このとき配当利回りは2％です。しかし、株価は毎日変動します。この会社の株価が50円に下がったら、配当利回りはどうなるでしょう？　株価がいくらでも、配当は「1株につき2円」ですから、配当利回りは2倍の4％になります。

配当利回りのいい会社は株価が下がりにくい

株価が下がることで、2％の利回りが、4％になったら、市場はどう反応するでしょう？　今の世の中、4％なんていう高い利回りがつく金融商品はほとんどありません。これが魅力となって、配当利回り狙いの投資家から「買い」が入りやすくなります。ということは、**配当利回りが高い会社の株は、株価が下がりにくくなる**のです。

日経平均255銘柄の平均配当利回りが、だいたい1．86％ぐらい（2016年10月現在）ですから、それよりも0．5％くらい上の**2．5％程度の配当利回りがつく会社を探してください。**

用語解説　【配当利回り】

投資した株価に対して、1年間に得られる配当金の割合を計算した数値です。「1株当たりの配当金÷株価×100」という式で計算します。株価は日々変動するため、投資した時点の株価によって配当利回りも変動します。基本的に、購入時点の株価が高ければ配当利回りは低くなり、購入時点の株価が低ければ配当利回りは高くなります。

配当利回りをもっと知ろう！

計算式

$$配当利回り(\%)＝\frac{1株当たりの配当金}{株価}×100$$

A社

株価：1000円
配当金：25円

B社

株価：2000円
配当金：30円

配当利回り

A社

$$\frac{25}{1000}×100＝2.5\%$$

B社

$$\frac{30}{2000}×100＝1.5\%$$

A社 2.5% ＞ B社 1.5%

お得

つまり1000円で1株あたり25円受け取れるってことね。銀行の利息が1年定期で0.01%くらいだからずっとお得!

高い配当利回りは、それを目当てに手放さない人も多いから「お守り代わり」になるんじゃ。
日経平均の配当利回りが1.86%くらいだから、2.5%以上を目安に選ぼう。

選

業績の見方❻

悪いニュースが出ていないか必ずチェック

注意すべきニュースは業績の下方修正

会社が不祥事を起こすと当然のことながら、株価は下がります。配当利回りがよいからといって、株価が下がった原因を調べないのは注意が足りません。たとえ、配当利回りがよくても、**株価を下げた原因が、会社の経営に重大な影響を与えるものならば、その銘柄は買うべきではありません。**

では、注意すべき「悪いニュース」とはどんなものでしょう？ それは、自動車メーカーによるデータ改ざんなどの、**会社が故意に行った不祥事**です。食中毒事件など、「一生懸命やっていたけどミスをした」というような不祥事は、株価の下落は一過性にとどまることも多いのです。しかし、故意に起こした不祥事は、消費者の不信感を招き、その会社の商品が売れなくなります。そうすると、さらに悪い「業績の下方修正」というニュースが出てくる可能性が高くなります。

企業が発表するIR情報をチェック

業績の下方修正が出ると、さらに株価が下落するリスクが高まります。最悪の場合上場廃止や倒産に追い込まれることもあります。このような企業の情報は、信頼性の高いものを入手することが大事です。**根拠のないうわさではなく、企業が発表するIR情報をチェック**してください。

用語解説 【IR】

Investor Relation の略称。上場企業が、株主や投資家向けに経営、財務、業績などの企業情報を発信する活動全般を指します。一般的な広報活動と違い、投資先としての正当な評価を得るために、正確かつ公平な情報公開を行うことを目的としています。

こんな株は買ってはいけない！

※次のニュースが出ていないか、必ずチェックしよう！

❌下方修正

上場企業が発表していた業績予想を、年度途中で低い数値に修正すること。修正があるたびに随時発表される。

❌監理銘柄

上場廃止基準に該当する恐れがあると指定された銘柄。上場廃止の恐れがなくなれば通常銘柄に戻される。

❌継続企業注記銘柄

「企業が将来にわたり事業を継続すること」に疑いのある事象があることを、財務諸表に記載されている銘柄。

❌上場廃止銘柄

証券取引所での売買ができなくなることが、決定した銘柄。「整理銘柄」で1か月間取引され上場廃止となる。

❌特設注意市場銘柄

上場廃止には至らなかったが、証券取引所が継続的に投資家に注意喚起する必要があると判断した銘柄。

平成27年7月13日

各 位

上場会社名 川上塗料株式会社
代表者 取締役社長 野村 茂光
ロード番号 4616 ）
問合せ先責任者 取締役経理部長兼総務部長 松下 田佳子
TEL 06-6421-6325）

業績予想の修正に関するお知らせ

最近の業績動向を踏まえ、平成27年1月14日に公表した業績予想を下記の通り修正いたしましたのでお知らせいたします。

記

● 業績予想の修正について

平成27年11月期第2四半期 累計）連結業績予想数値の修正 平成26年12月1日～平成27年5月31日）

	売上高	営業利益	経常利益	四半期純利益	1株当たり四半期純利益
	百万円	百万円	百万円	百万円	円 銭
前回発表予想(A)	3,415	96	92	67	6.72
今回修正予想(B)	3,241	160	179	108	10.87
増減額(B-A)	△173	64	87	41	
増減率(%)	△5.1	66.9	95.2	61.6	
ご参考）前期第2四半期実績 平成26年11月期第2四半期）	3,191	173	181	111	11.21

平成27年11月期通期連結業績予想数値の修正 平成26年1月1日～平成27年11月30日）

	売上高	営業利益	経常利益	当期純利益	1株当たり当期純利益
前回発表予想(A)					
今回修正予想(B)					
増減額(B-A)					
増減率(%)					
ご参考）前期実績 平成26年11月期）					

前回の予想よりも、5%下がった修正予想が出されています。

平成27年11月期第2四半期

前回発表予想(A)	3,380	94	90	66	6.62
今回修正予想(B)	3,214	159	178	107	10.76
増減額(B-A)	△165	65	88	41	
増減率(%)	△4.9	69.8	98.3	62.6	
ご参考）前期第2四半期実績 平成26年11月期第2四半期）	3,156	165	172	105	10.60

平成27年11月期通期個別業績予想数値の修正 平成26年12月1日～平成27年11月30日）

	売上高	営業利益	経常利益	当期純利益	1株当たり当期純利益
	百万円	百万円	百万円	百万円	円 銭
前回発表予想(A)	6,775	200	184	134	13.44
今回修正予想(B)	6,383	200	218	143	14.40
増減額(B-A)	△391	0	34	9	
増減率(%)	△5.8	0.3	18.8	7.1	
ご参考）前期実績 平成26年11月期）	6,493	245	275	386	38.77

修正の理由

個別業績予想）

平成27年11月期第2四半期累計期間における売上高につきましては、国内売上の停滞に伴い、前回予想をやや下回る見込みであります。利益面につきましては、ナフサ価格下落に伴う溶剤類を中心とした原料コストの低減に加え、経費削減、円安による採算改善及び設備投資の時期のずれ等により営業利益、経常利益、当期純利益ともに前回予想を上回る見込みであります。

平成27年11月期通期の業績予想につきましては、第2四半期までの業績予想の修正による影響を踏まえ、売上高・利益面とも前回予想を修正するものであります。

連結業績予想）

連結業績予想につきましては、第2四半期累計期間及び通期とも主に個別業績予想の修正に伴い修正を行うものです。

※期末の配当予想につきましては、前回発表予想から変更はありません。

※上記の予想は本資料の発表日現在において入手可能な情報に基づき作成したものであり、実際の業績は、今後様々な要因によって予想数値と異なる可能性があります。

なぜ下方修正されたのか、理由がここで説明されています。

下方修正の理由は、企業の不祥事だけではなく、為替の変動などいろいろあるゾ！

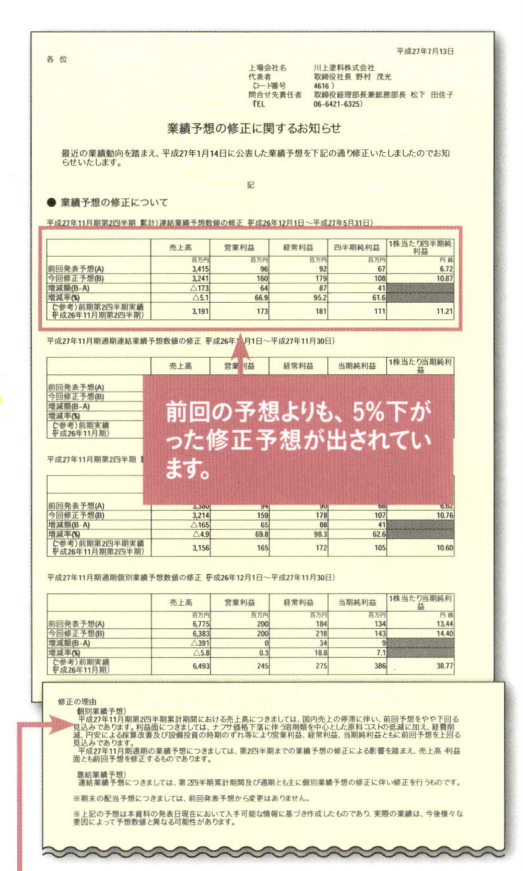

業績の見方⑦

1日50回以上やりとりがあるか?

業績が良くても買わないほうがよい

業績が申し分のない会社でも、多くの人が売り買いしていなければ、売買は成立しにくくなります。

そこで、必ずチェックしておきたいのが1日の約定（Tick）回数です。現在、日本の証券取引所に上場している企業は、約4000社です。その中には誰もが知っている有名企業もあれば、社名さえ聞いたことのない会社もあります。毎日、多くの売買が成立している銘柄もあれば、売買注文さえ閑散としている銘柄もあるのです。**約定回数が少ない銘柄は、たとえ優良企業であっても買わないほうが賢明**です。

売りたいときに売れる銘柄を選ぶ

「良い企業だからいつかは値上がりするだろう」と、その銘柄を購入して長期保有する方法もあります。いつか「これはいい株だ」と気づかれて、株価が急上昇する可能性もあります。

しかし、いつ値上がりするかわかりません。また、「なかなか上がらないからもう売りたい」と思ったとき、売り注文を出しても、買い手がいなければ売買は成立しません。

業績が良いだけではなく「売るときに困らない株」を選んでください。 1日の約定回数が50回以上あれば、まず問題なく売買できるでしょう。

用語解説　【約定《やくじょう》(Tick)】

株式市場では売りたい人と買いたい人の希望価格が合致しなければ売買が成立しません。取引条件が合致し、売買が成立した状態を約定といいます。Tick（ティック）というのは、時計の「チクタク」という音に由来し、刻一刻と変化する株や為替、債券などの値動きのことで、ティックを示した回数＝約定回数となります。

約定（Tick）回数を要チェック！

約定(Tick)回数

証券会社の取引画面で気になる銘柄の「約定回数」を確認しましょう。約定回数が1日50回以下の銘柄は、取引が閑散としていて、売りたいときに売れない可能性あり。優良企業でも、即買いは見送りましょう。

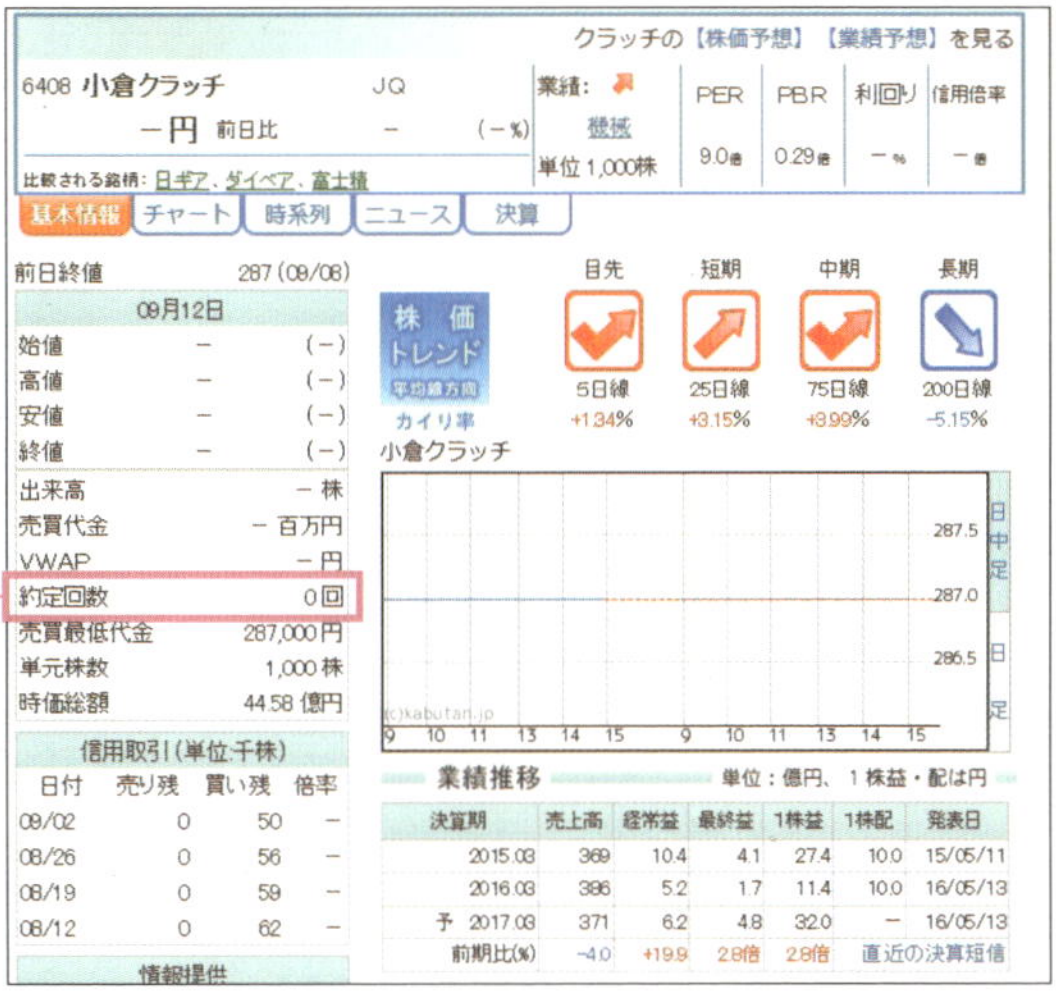

出来高と約定回数の違い

約定回数は、売買が成立した回数を数えたもの。売買された株数が多くても少なくても1回は1回となる。一方、出来高は売買が成立した株数を数える。出来高が多い銘柄の売買は活況とされているが、1回の売買でも株数が多ければ出来高は増えてしまいます。売買が活発かどうかは約定回数で見ましょう。

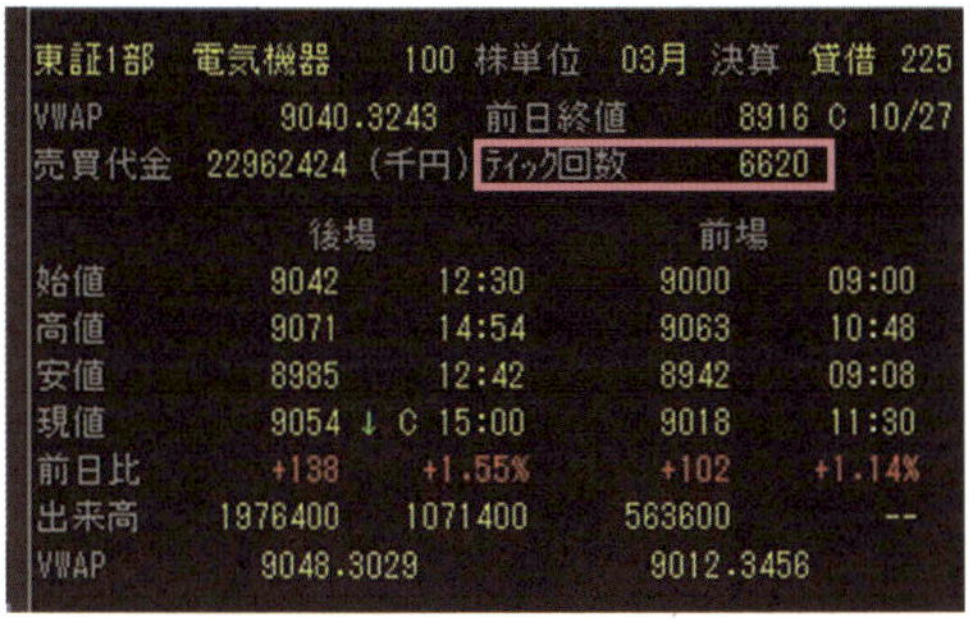

出来高が多くても株価は下がることはある。逆に出来高が減っても株価が下がらない場合もある。単純に出来高で、株価を予想することはできないのじゃ！

無人島でバナナを売るな！

どんなにおいしいバナナでも
だれかーバナナ買ってにゃん
無人島では誰も買い手がつかないように
不人気株は売りたいときに売れず、
利益につながらないリスクが高いのじゃ！
ピッ
ひゃー
その不人気株を抱えているせいでほかに資金を活かせなくなるゾ
わたしといっしょ
取引ゼロという銘柄もあるんじゃ
「いつか上がる」に賭けるのもまたギャンブルと同じこと
そうかー
動かざること山のごとし
でも、自分が見つけた子が売れていくのってやっぱいいよな♫
バナナにゃん
わかりますっ

こんなときどうする？

Q&A 銘柄選びの疑問にお答えします

Q1 赤字や前年よりも、減益の会社の株は買ってはいけない？

A 見極めが難しくリスクは高い

前年よりも経常利益が下がっていたり、赤字で業績が悪い会社でも、株価が上がっている場合はあります。

それはなぜかというと、今は赤字でも、3年後は、開発しているものが実り、市場に出れば利益が回収できると見込んで、株が買われているからです。例えば、開発費がかかっていて赤字というケースです。

このような銘柄を買っていいかどうかの見極めは、その会社をそうとう深掘りして分析しないとわかりません。それができるのであれば、買うのもひとつの選択です。

しかし、それは本書で紹介した「できるだけ安全にリスクを減らす投資法」のルールからは外れた買い方です。

一般的に考えても、そこまで苦労しなくても、良い銘柄は探せます。

業績の良い会社と悪い会社、どっちの株をみんなが買いたいと思うでしょうか？

それは、業績の良い会社ですよね。だったら、あえて難しい銘柄に手を出すより、わかりやすい銘柄を買ったほうがいいのではないでしょうか。

Point

- 業績の悪い会社の株を購入するのは分析が難しくハイリスク
- 業績の良い会社の株を買ったほうが楽に勝てる

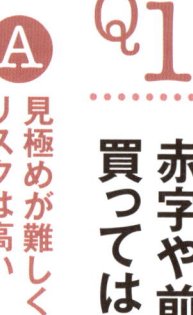

Q2 営業キャッシュフローは気にしなくても大丈夫？

A 営業CFがプラス、財務CFがマイナスが理想

企業の決算書のキャッシュフロー計算書には「営業キャッシュフロー」「投資キャッシュフロー」「財務キャッシュフロー」の3つが出てきます。業種によっても異なりますが、一般的に、営業キャッシュフローがマイナスの会社は外したほうがいいでしょう。**営業キャッシュフローがプラス、財務キャッシュフローがマイナスの状態が理想**です。

これを家計に置きかえるとお給料（営業CF）の中から生活費（投資CF）を出して、残ったお金でローンの返済（財務CF）もできているというイメージです。

【理想的な会社の場合】

営業CF（給料）	プラス	その会社の営業活動によって実際に稼いだお金。マイナスだと赤字ということだが、金融関係などお金を貸すことが営業活動となる会社は、営業CFがマイナスになる。
投資CF（生活費）	マイナス	設備投資や企業買収など投資活動によるお金の流れのこと。営業拡大で店舗を一気に増やしたり、工場を新設するなど積極的な投資活動をするとマイナスになる。
財務CF（ローン返済）	マイナス	銀行などからの借入金や配当の支払いなどに対するお金の流れをあらわしたもの。借金を返済していればマイナスになる。反対に借入金が増えるとプラスになる。

Point

- 営業キャッシュフローがマイナスの会社の株は購入対象から外す
- 営業CFがプラス、財務CFがマイナスが理想だが業種によってはあてはまらないこともある

Q3 PERが低すぎる会社でも大丈夫？

A 今はまだ気づかれていないお買い得な株でしょう

本書の業績の見方のルールに照らし合わせて、業績が明らかに良いのであれば、お買い得と言えるでしょう。

昨年、今年と業績が着実に増えていて、来年の予想も上がっているようであれば、まず問題はありません。

今はまだ、良さに気づかれていなくてもいずれ見直され、気づかれるはずです。

ただし、気づかれるまで半年とか1年とかある程度スパンが空くかもしれません。しかし、Tick回数も50回以上あるのであれば、見直されるまでは時間の問題です。

Q4 PERが高くても成長が期待できるなら買ってもいい？

A 期待値にすぎずリスクは高いでしょう

例えば、急成長中の会社の株価が1万円で純利益が100円だったとすると、PERは100倍です。ただし、急成長をしていますから、3年後5年後の利益は100円ではなく1000円になるかもしれない。そうするとPERは10倍です。つまり、急成長の株に投資する人は「将来的に稼ぎが10倍になる」と見越して買っているわけです。その背景には「いずれ高くなって買えなくなるから今買っておこう」という心理が働いています。ただし、未来のことはわかりません。**期待が大きい分、期待がはずれたときは下げが大きくなります。**

Point

- あくまでも、PERが低い、お買い得な株を買おう
- PERが高い株は、みんなの期待が高い株。期待通りでなかった場合は大きく下がるリスクも

PERはスーパーのチラシセール？

わかりづらい指標をおさらい…… 1

PER は「実質 PER」を求めて、企業の真の価値を測ろう

A 社

【特別損益の発生がない場合】

経常利益：10億円

当期純利益：6.5億円（経常利益から法人税だけが差し引かれた状態）

時価総額：65億円

PER：65億円(時価総額)÷6.5億円(当期純利益)＝10倍

B 社

【特別損失が発生している場合】

経常利益：10億円

当期純利益：3億円

時価総額65億円

特別損失が発生し、純利益が毀損している状態じゃ。

PER：65億円(時価総額)÷3億円(当期純利益)＝21.7倍

本業はうまくいっているのに、PER は割高に見えてしまう

C 社

【特別利益が発生している場合】

経常利益：−5億円

当期純利益：15億円

時価総額：60億円

特別利益が発生し、純利益だけがプラスの状態でのPERはどうなるかな？

PER：65億円(時価総額)÷15億円(当期純利益)＝4倍

本業はうまくいっていないのに、PER は割安

PERは低いほどお得というけれど……

PERの計算式は、PER（倍）＝株価÷1株当たりの当期（今期）純利益でした。

倍という単位ではなく、「年」に置きかえて、「何年で回収できるのか?」で考えるとわかりやすいとお伝えしました。

そしてPERを求める式は、「株価」も「1株当たりの当期純利益」もどちらも発行株数で除した数字となっています。

ということは、

PER（倍）＝時価総額（株価×発行株数）÷当期（今期）純利益（1株にしない当期純利益）でも同じPERを求めることが出来ます。

株価が上がればPERも上がり、株価が下がればPERも下がる動きをしやすく、日経平均株価のPERはおおよそ13倍～17倍前後の範囲内で変動しています。

仮に現在の日経平均株価のPERが15倍だった場合、投資回収年数で考えると15年くらいが妥当であるということを意味します。そして、日経平均のPERや業種別PERに対して割安（投資回収年数が短い）か割高（長い）かを判断材料にします。

仮に自分が見ている銘柄がこの平均の15倍以下であれば、投資回収年数は平均から見て短いわけですので、「割安」という判断がされるものです。

しかし、PERというものは、計算式に純利益を使っているため、特別利益や特別損失（その年だけに発生する一時的な損益）を加えた数字として出てきます。

これが発生している銘柄はPERが歪んできてしまいます。

ゆがみを生じたままでは比較ができない

右のページの、A社、B社、C社を比較してみましょう。

経常利益で見るとA社もB社も同じ10億円であるにもかかわらず、B社のように特別損益（一時的な損益）が発生するとPERに歪みが生じることになります。

そうすると、21．7倍と計算されたB社はなんだか割高なイメージを受けてしまいます。

しかし、この特別損益は基本的に

はその年1年間しか発生しないものなので、本来の会社の利益である経常利益が同じであれば同等に扱われてしかるべきです。

逆に本業は赤字にもかかわらず、株や不動産の売却により特別利益が発生したことで純利益のみがプラスになったC社を見てみましょう。

PERの計算で見ると4倍、つまり4年で投資した金額を回収できる稼ぎがあることになってしまうのです。

しかし、このC社は株や不動産の売却などによってその年だけ純利益が15億円のプラスになっているだけであり、大事な本業の経常利益はマイナス5億円です。

この本業が来期以降回復できなくて株や不動産など売却できるものがなければ、この会社は来期以降このPER4倍という割安な状態を維持することはできなくなります。

そのため、特別損益を加味しない**経常利益**が本来の会社の実力になってきますので、ここから適正な企業のバリュエーションを算出していくのです。

特別損益に左右されない数字で計算し直す

先ほどのPERの計算では「PER＝株価÷1株当たりの当期純利益」というもので計算され、純利益は特別損益が入ってしまうとPERが大きく歪んでしまい、その会社が本当に割安か割高かが見えにくくなります。

そのため、特別損益の影響がない「純度の高い純利益」を算出する必

【実質純利益&実質PER計算式】

経常利益 ×0.65 ＝実質純利益

↑（100－35%）

（例）経常利益10億円であれば、10億 ×0.65＝6.5億

実質PER＝ 時価総額 ÷ 実質純利益

（株価 × 発行株数）（経常利益 ×0.65）

要があるわけです。

現在の上場企業に課せられている法人税は平均的に35％なので、

経常利益×（100-35％、または0.65）＝実質純利益

で求めることが出来ます。

例えば、経常利益が10億円の会社であれば、実質純利益は10億円×0.65で6.5億円となります。

これを踏まえてPERの話に戻ります。

PER＝「株価」÷「1株当たりの当期純利益（EPS）」でした。

この式の右辺の株価と1株当たりの当期純利益（EPS）にそれぞれ発行株数を乗じると

「PER」＝時価総額（株価×発行株数）÷当期純利益（当期EPS×発行株数）

でも同じ計算式となります。

しかし、この当期純利益は特別損益を含んだものになるため、先ほどの**実質純利益**を使ってその企業の本来のPERを求めるようにしていきます。

経常利益から法人税だけを差し引き「実質純利益」を導き出します。現在、法人税は約35％のため、**経常利益×0.65**が実質純利益でした。

割安、割高は、日経平均PERと比較

「実質PER」＝時価総額÷実質純利益

この計算式で求めた実質PERと日経平均の現在のPERとを比較して、低ければ割安、高ければ割高という判断が出来ます。

また、3か月先が来期に入るような会社の場合は、今期はもうすぐ終わってしまいます。

多くの投資家というのは将来の利益成長に対して投資判断を行いますので、今期が終わるような場合は、来期の経常利益を用いて計算していきます。

なお、法人税は今後法改正により変更される場合がありますので、注意が必要です。（法人税、法人事業税、地方法人特別税、法人住民税の合計で考える）

法人税が30％に法改正されれば、実質純利益は「経常利益×0.7（30％引き）」で考えるべきですし、法人税が50％になれば、「経常利益×0.5」が実質純利益となります。

わかりづらい指標をおさらい……❷

ROEは自己資本比率との兼ね合いが重要

ROE計算式

ROE（自己資本利益率）
＝当期純利益 ÷ 自己資本 ×100

稼ぐのが上手

ROE（％）は、**「自己資本利益率」**のことで、企業が保有する自己資本を元手に、どれくらいの利益を稼ぎ出すことができているかを示す指標です。この自己資本には、株主から出資されたお金も含まれますので、株主から見れば、自分の出資したお金を効率よく使って稼いでくれるか？という見方がなされます。

まずは「ROEは数字が高いほうがいい」と覚えてください。

ROEの計算式は上のようになります。

純利益を自己資本（自分のお金）で割ったときにROEの数値が高いということは、自己資本を効率的に使って高い利益率を叩き出しているという判断ができるためこの数値が高いと資本効率が良い、つまり稼ぎ方が上手い会社ということになります。

ROEについては、株式投資に置きかえれば簡単に理解できます。

例えば、1年間で株式投資で100万円の利益を出しました。

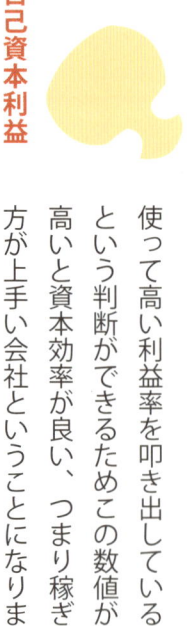

このときに、その100万円という**利益（当期純利益）**を出すために使用した**運用資金（自己資本）**は果たしていくらだったのか？　これがROEの考え方です。（詳しくは、p59参照）

ROEが高いほうが効率よく自己資本を使って利益を出しているということになり、昨今の日本企業は投資家へ向けてこのROEを引き上げる努力をしています。

一般的にROEの数値は8％以上が投資家にとって好まれやすいとされていますので、それ以上であるROE10％以上を叩き出す企業を選んでいきます。

高くても安心できないわけ

ROEは高いほうが資本効率が良いとお伝えしましたが、こちらも高ければ何でもいいというわけではありません。

例えば、200万円の自己資本を使って年間100万円の利益を上げた人を例にとると、確かにこれだけを見れば凄いことになります。

しかし、もっと詳しく話を聞いてみたところ、自己資本は200万円だけれども、実は800万円の借金をしてトータル1000万円（元手：200万円＋借金：800万円）で年間100万円の利益を出していました。

こうなると話が違ってきます。

これを貸借対照表で見れば、安全性を見る自己資本比率はわずか20％という会社になります。

万が一株式投資を失敗した場合、借金がそのまま圧し掛かることになります。

ROEの計算式はあくまでも「自己資本」の部分だけで計算され、**負債は無視される**ため、注意が必要。自己資本比率が低くて利益を出している会社の場合、相対的にROEが高くなりがちですので、自己資本比率との兼ね合いが重要になります。

【貸借対照表】

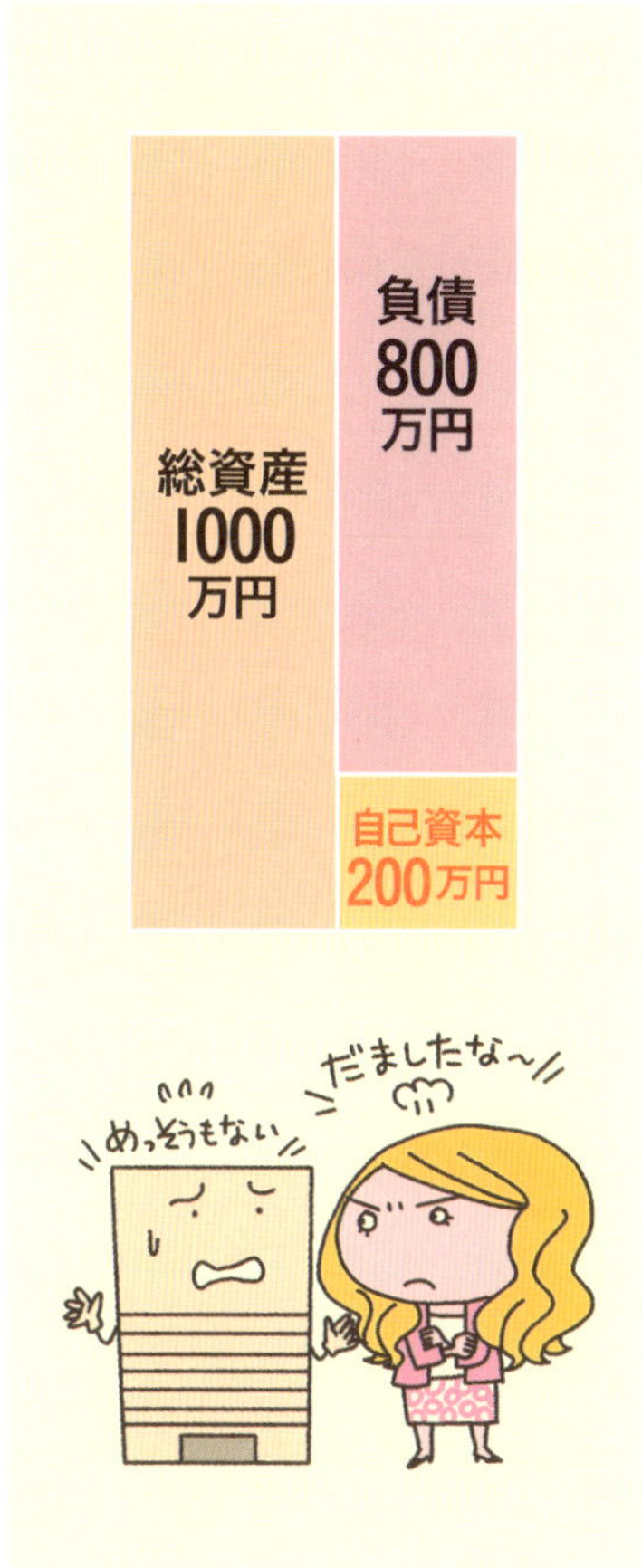

株神のファンダメンタルズ分析術 まとめ

□ 経常利益が増えている

儲かっている会社を見つけるには、経常利益の推移を見ればよい。前期から今期が増えていればOK。一般の投資家が見ている純利益は本業以外の損失や利益が含まれるのでゆがみやすい。

□ 実質PERが15倍以下

PERは「投資の回収年数」。倍率が低ければ、投資の回収年数が短いということ。日経平均のPERや業種別PERを基準に、それよりも低ければお買い得と考えられる。

□ 実質ROEが10%以下

ROEは「投資したお金でいかに効率よく稼いだか」を見る指標。多くの上場企業がROE 8%を目指しているため、10%を超えている会社は、かなり元手を効率よく使って利益を出しているといえる。

□ 自己資本比率40%以上

会社の安全性を見る指標。ROEが高くても、自己資本比率が低い会社は借金などの負債が多く安全性が低い。自己資本比率は高いほうがよく、40%以上あれば経営が安定していると評価できる。

□ 配当利回り2.5%以上

株価が下がると利回りが上がるため、配当利回りが高い会社は、株価が下がりにくい。日経平均の平均利回りを上回る2.5%以上の配当利回りは、株価を下落から守る「お守り」になる。

□ 悪いニュースが出ていない

業績の下方修正、減配、悪決算、不祥事などの悪いニュースは、株価が下がる引き金になる。これらのニュースが出ている株には手を出さない。すでにエントリー中の株なら手仕舞いにする。

□ 約定回数50回以上

最低でも約定回数が1日50回以上ある会社を選ぼう。良い銘柄でも誰も見向きもしなければ、売りたいときに売れなくなる。無人島で「バナナいりませんか?」と叫んでも無駄なのと同じ。

3章

テクニカル分析で、売買のタイミングを計ろう

株式市場で戦う前に……

知っておきたい！ メンタルコントロールテクニック

株価が下げても「想定内」と考える

みなさんは、株式市場の規模を考えたことがありますか？　東証一部の時価総額はおよそ500兆円です。自分が「大金」と思ってつぎ込んでいる数十万、数百万の資金は、マーケットからしてみればちっぽけなもの。株価の上げ下げを操れるものではありません。

　ぶれないメンタルを持つには、まずこの大きさの違いを認識し、**株価に合わせた立ち回りを想定しておくことが大事**です。大きなマーケットで取引される株は好き勝手に動きます。上げ下げを予想するから欲に負けて、売買ルールが守れなくなるのです。「下げるのも想定内」と考えれば、冷静な売買ができます。

1 自分は小さい、マーケットは大きい

巨額の資金が動く株式市場の中で、個人投資家は非常に小さな存在です。個人のわずかな資金で株価の上げ下げをコントロールすることはできません。「なんで上がらないんだ！」とイライラすること自体間違っています。マーケットは大きく自分は小さな存在。**株価の上げ下げを予想するのはナンセンス**です。

2 ルールは必ず守る

ルールを守らず失敗するパターンは2つあります。ひとつは、**欲や恐怖に負けて、ルール通りに売買できず失敗する**パターン。もうひとつは、**うまくいきすぎて冒険したくなり、ルールを破って失敗する**パターンです。このような失敗は誰にでもあることです。ただし、同じ失敗を繰り返してはいけません。失敗から学び、次に改善する方向に持っていきましょう。

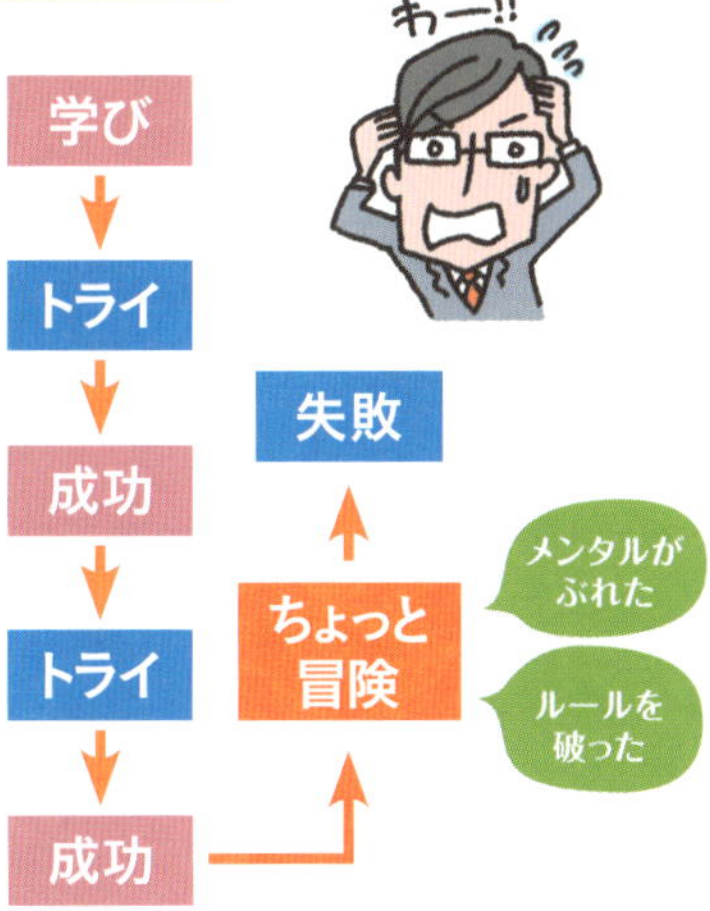
わー!!
学び
トライ
成功
トライ
成功
ちょっと冒険
失敗
メンタルがぶれた
ルールを破った

3 マーケットに合わせるには武器が必要

ルール
資金

巨大なマーケットに手ぶらで戦いを挑んでも負けは見えています。自分の思い通りに株価は動いてくれません。好き勝手に動く株価の波にうまく合わせて利益を出すには**「ルール」と「資金管理」**という2つの武器が必要です。自分にぴったりの武器を持ち、マーケットに立ち向かいましょう。

Point

- 「ルール」「資金管理」という武器を持とう！
- 自分に合った投資法を

株神はRSIだけチェックする

そうであれば、ちょっとでも安いときに買ったほうがいい？
ココ
しょせん株なんてギャンブルでしょ
チッチッチッチ
ニヤ
買い時も売り時も
すべてチャートに表れているんです
おっ!!
チャート
出た、チャートおたく
いよいよ、こんなのを教わるんだな
よっしゃーっ
ゴクッ
こんなんとか
Wトップとか
ローソク足とか
やっぱココかー
うわ〜めんどくさそう
ついていけるかしら……

いくぞ
べちゃっ
こんなの必要なし
テクニカルで見てほしいのはずばりこの指標だけ！
さらさらり
RSI
どどん〜っ
これだけ？
?
RSI
うっそだー
さようっ
だってー
世の中にはテクニカル分析を扱った本がこんなに出てるのにぃ？
チャートを制する者は株を制す
パーフェクトテクニカル分析
これでOKチャートの見方
チャートだけでOK

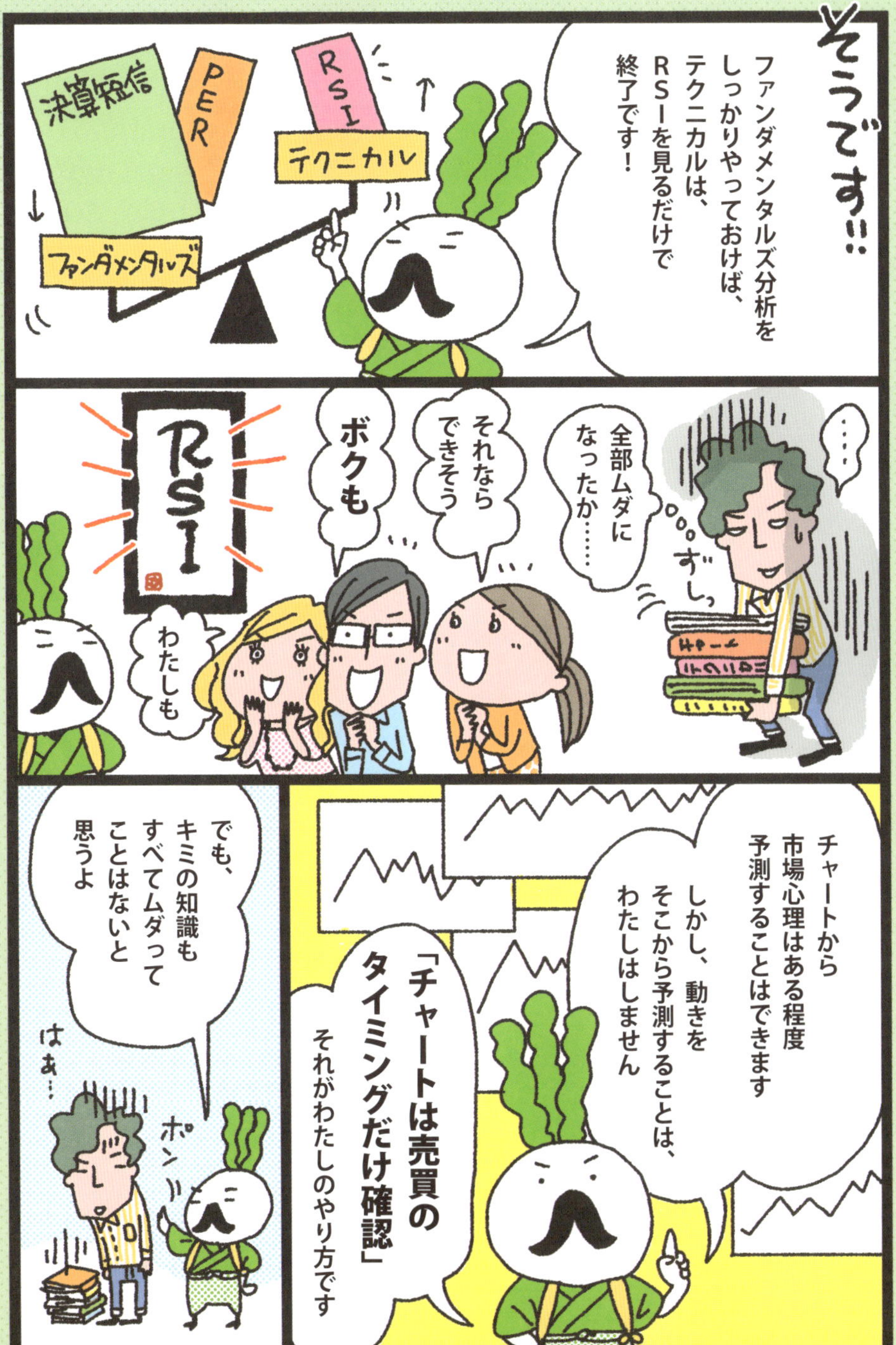
そうです!!
ファンダメンタルズ分析をしっかりやっておけば、テクニカルはRSIを見るだけで終了です！
決算短信
PER
RSI
テクニカル
ファンダメンタルズ
…
ずしっ
全部ムダになったか……
それならできそう
ボクも
RSI
わたしも
チャートから市場心理はある程度予測することはできます
しかし、動きをそこから予測することは、わたしはしません
「チャートは売買のタイミングだけ確認」それがわたしのやり方です
でも、キミの知識もすべてムダってことはないと思うよ
はあ…
ポン

時

チャートの見方①

需給を意識しよう

たくさんの人が買うから上がる

マーケットで株価が上がったり下がったりする流れは、個人のわずかな資金ではどうにもなりません。チャートは、これから先の株価を予想する資料ではなく、その株の**「需要」と「供給」のバランスを読み取るツール**だと考えてください。

例えば、左ページの任天堂のチャートを見てください。あるとき爆発的に上がっているのがわかります。これは、みなさんも記憶に新しい『ポケモンGO』の配信がきっかけです。大ヒットゲームへの期待感から、任天堂の株はものすごく買われ、上がったわけです。これを「まだ上がる」と予想して買ってもいいでしょうか？　答えは、チャートに出ていますね。

「売られすぎ」が逆転して利益を生む

株価が上がれば、それより安いところで買っていた人たちが利益を取るために、だんだん売りが増えてきます。そうすると、今度は株価が下がっていきます。

買い（需要）が売り（供給）より多ければ、株価は上がり、売り（供給）が買い（需要）より多ければ、株価は下がります。この市場経済の原理を意識しましょう。

そして、株が「売られすぎ」の状態のところで買えば、流れが逆転したときに利益を生むことができます。

用語解説　【需要と供給】

市場経済で価格が決定するしくみ。市場ではモノやサービスの売り手（供給側）はできるだけ高く売り、買い手（需要側）はできるだけ安く買いたいと考え、お互いの要望が釣り合った価格で売買が成立します。価格が高いほど買いたいと思う人は減り、売りたいと思う人が増えます。株式市場でも同様のメカニズムで株価が変動します。

株価は上昇、下降をくり返す

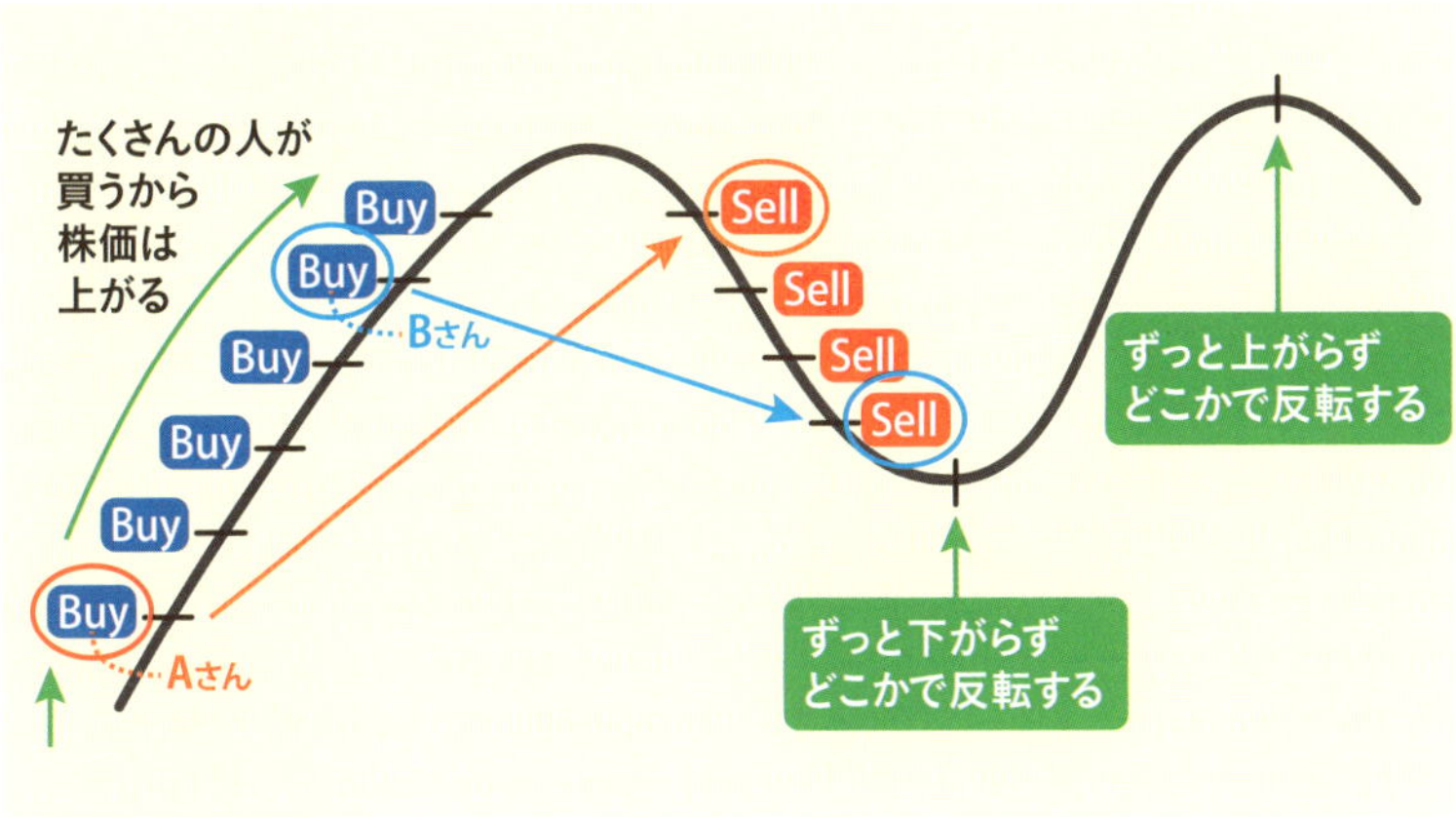
たくさんの人が
買うから
株価は
上がる
Buy
Buy
Buy
Buy
Buy
Buy
Aさん
Bさん
Sell
Sell
Sell
Sell
ずっと下がらず
どこかで反転する
ずっと上がらず
どこかで反転する

理想的!
これを目指そう!

Aさん→利益でた!

株価が安いところで買っていたAさんは、いつでも利益が取れる状態。株価が上昇したタイミングで売り、利益を出すことができる。

Bさん→マイナスで決済

(＝損切り、ロスカット)

高値のピークで買ってしまったBさんは、株価下落で損が膨らむのが怖くなり損切りする。

[任天堂チャート]

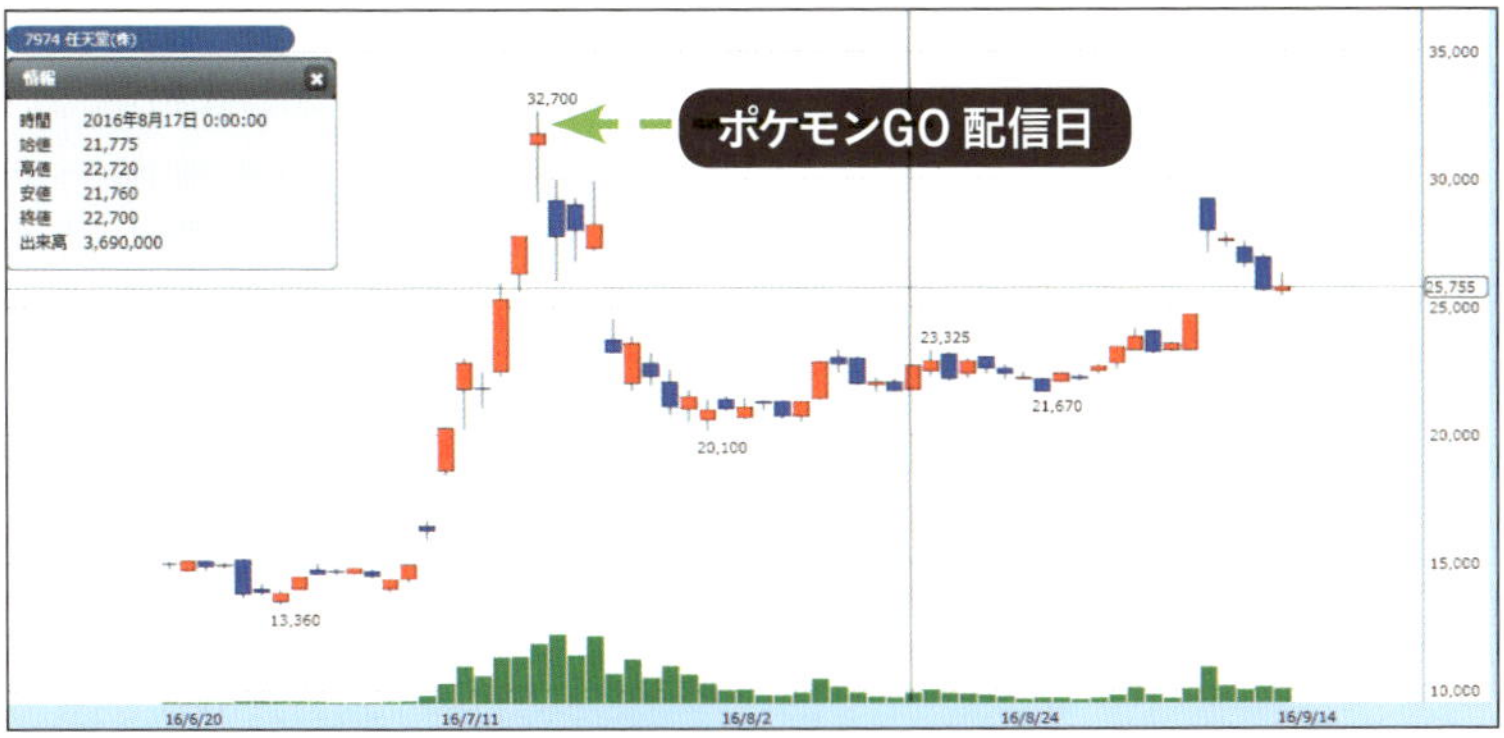
7974 任天堂(株)
情報
時間 2016年8月17日 0:00:00
始値 21,775
高値 22,720
安値 21,760
終値 22,700
出来高 3,690,000
32,700
ポケモンGO 配信日
23,325
21,670
20,100
13,360
35,000
30,000
25,755
25,000
20,000
15,000
10,000
16/6/20
16/7/11
16/8/2
16/8/24
16/9/14

アメリカで大ヒットしたスマートフォン用ゲーム『ポケモン GO』の日本での配信が決まったことから、任天堂の株価は急騰したがその後売りが優勢になり株価は下落した。

時

チャートの見方②

チャートはRSIだけチェックすればいい

チャートで見るのは値動きではない

株で失敗する人の多くは、企業の中身を見ずに、テクニカル分析だけで売買のタイミングを決めています。チャートの動きだけで、株価が上がるか下がるかを判断することはできません。また、スマホやパソコンにはりついて、刻々と変化する値動きをチェックしていても「いつ買えば儲かるか」はわかりません。

ファンダメンタルズで優良銘柄を絞り込んでいれば、チャートを細かく見る必要はありません。**チャートからとる情報は、唯一「買うタイミング」と「売るタイミング」だけ**です。

RSIの30と70に注目!

どんな優良企業の株も、株価が高いところで買ってしまうと損をするリスクが高くなります。逆に、できるだけ安く買えれば、利益をとるチャンスが増えます。

そこで、活用するのがチャートの「RSI」という指標です。これで、**その株が「買われすぎ」なのか「売られすぎ」なのかをかんたんに判断できます。**

RSIの見方は、とてもかんたんで、一般的にチャートが70％のラインに達すると「買われすぎ」、30％のラインに落ちると「売られすぎ」のサインです。これを売買タイミングに活用していきましょう。

用語解説【RSI】

Relative Strength Index の略。日本語では「相対力指数」と呼ばれ、アメリカのテクニカルアナリスト、J.W. ワイルダーが開発した指数で、過去の値動き幅に対する上昇幅の割合をグラフ化したもの。RSI ＝一定期間の上げ幅の合計÷（一定期間の上げ幅の合計＋一定期間の下げ幅の合計）× 100％で算出され、売買タイミングの判断材料に用いられます。

RSI＝「売られすぎ」「買われすぎ」の指標

チャートは6か月日足を使い、RSIの期間を14日間に設定して見るのが基本。

ＲＳＩは、ほとんどの証券会社が提供しているチャートや、Yahoo! ファイナンスなどの投資情報サイトが提供するチャートでも見ることができる。

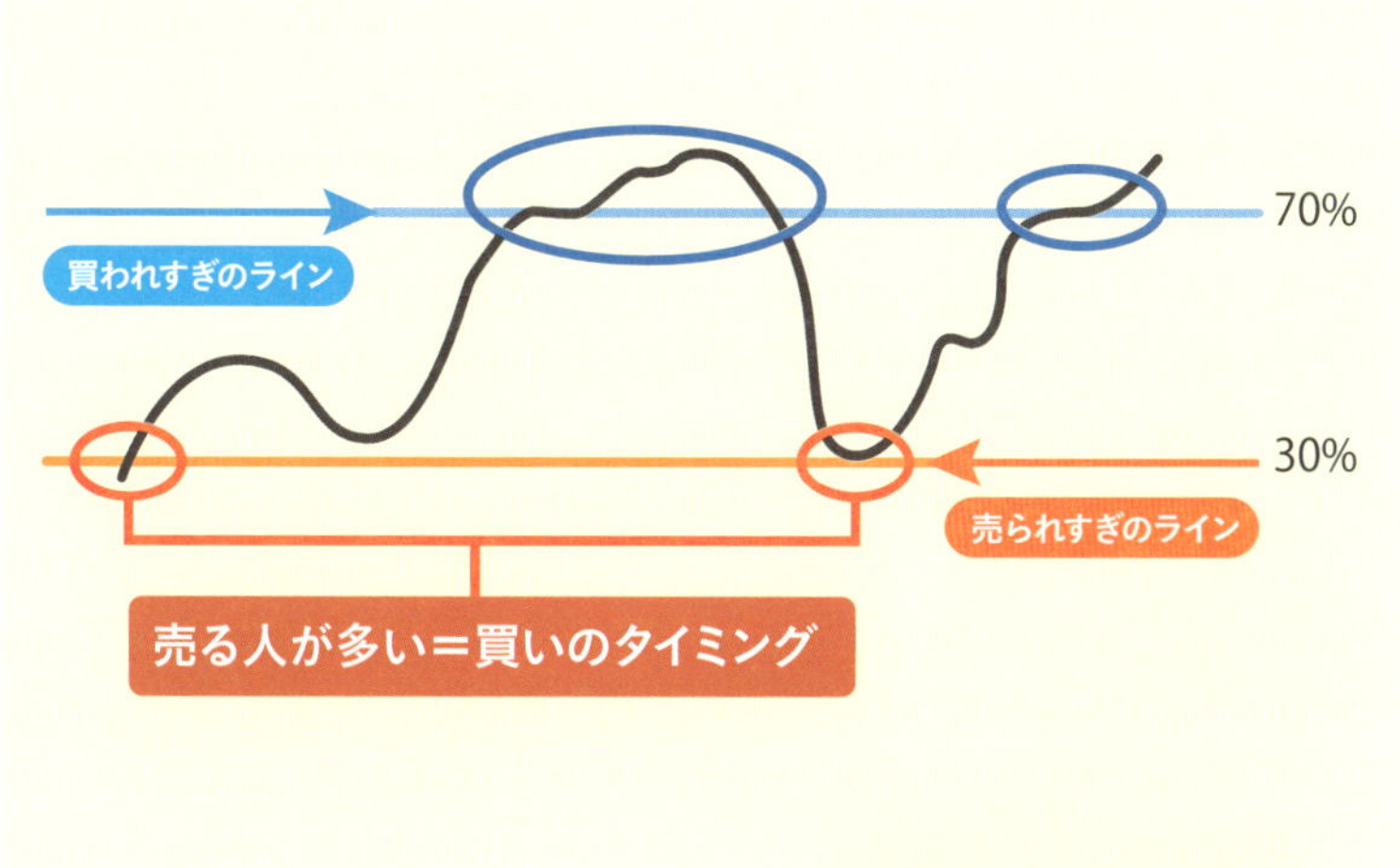

RSIは、一般的に70％以上になると「買われすぎ」で、30％以下になると「売られすぎ」といわれる。ファンダメンタルズで絞り込んだ銘柄のＲＳＩが、今どの水準にあるかチェックしてみよう。

ファンダメンタルズで優良株をしらべて参考にしよう。

時

買うタイミング

RSIが30%近くになったら買う

30%で買えば損するリスクが低い

RSIのグラフを見たとき、その銘柄のRSIが70%を超えていれば「買われすぎ」。30%以下ならば「売られすぎ」です。どちらのときに買いますか?

もちろん、「売られすぎ」のときですよね。「買われすぎ」のときは、いずれ売られて株価が下がってくる展開になります。

ファンダメンタルズ分析で良い銘柄を選んでいれば、「売られすぎ」の状態からさらに大きく下げる可能性は低いと考えられます。なぜなら、銘柄選びの条件のひとつに「配当利回り2.5%以上」というものがあります。その条件がここで効いてきます。株価が下がれば配当利回りは上がります。これを「おいしい!」と思った投資家から買いが入り、株価の下落にブレーキがかかります。

中途半端な位置なら手を出さない

初期エントリーは、必ず「RSI30%以下で買う」というルールを守りましょう。

RSIが70%と30%の間の、あいまいな位置にあるときは、手を出さないこと。中途半端な位置にRSIがあるときは、この先、株価が上がるか下がるかわかりません。

限りなく30%に近づくまで、エントリーするのを待ちましょう。慌てて買うのは失敗のもとです。

用語解説 **【オシレーター系分析】**

オシレーター(oscillator)とは、「振動するもの」。株式市場では、チャート分析で「買われすぎ、売られすぎ」の銘柄の状況を振幅を活用して分析したものを「オシレーター系分析」「オシレーター系チャート」と呼びます。変動幅から相場の傾向を読み取れるもので、RSIのほかに、ストキャスティクスなどが知られています。

RSIが下がるのを待ってエントリー

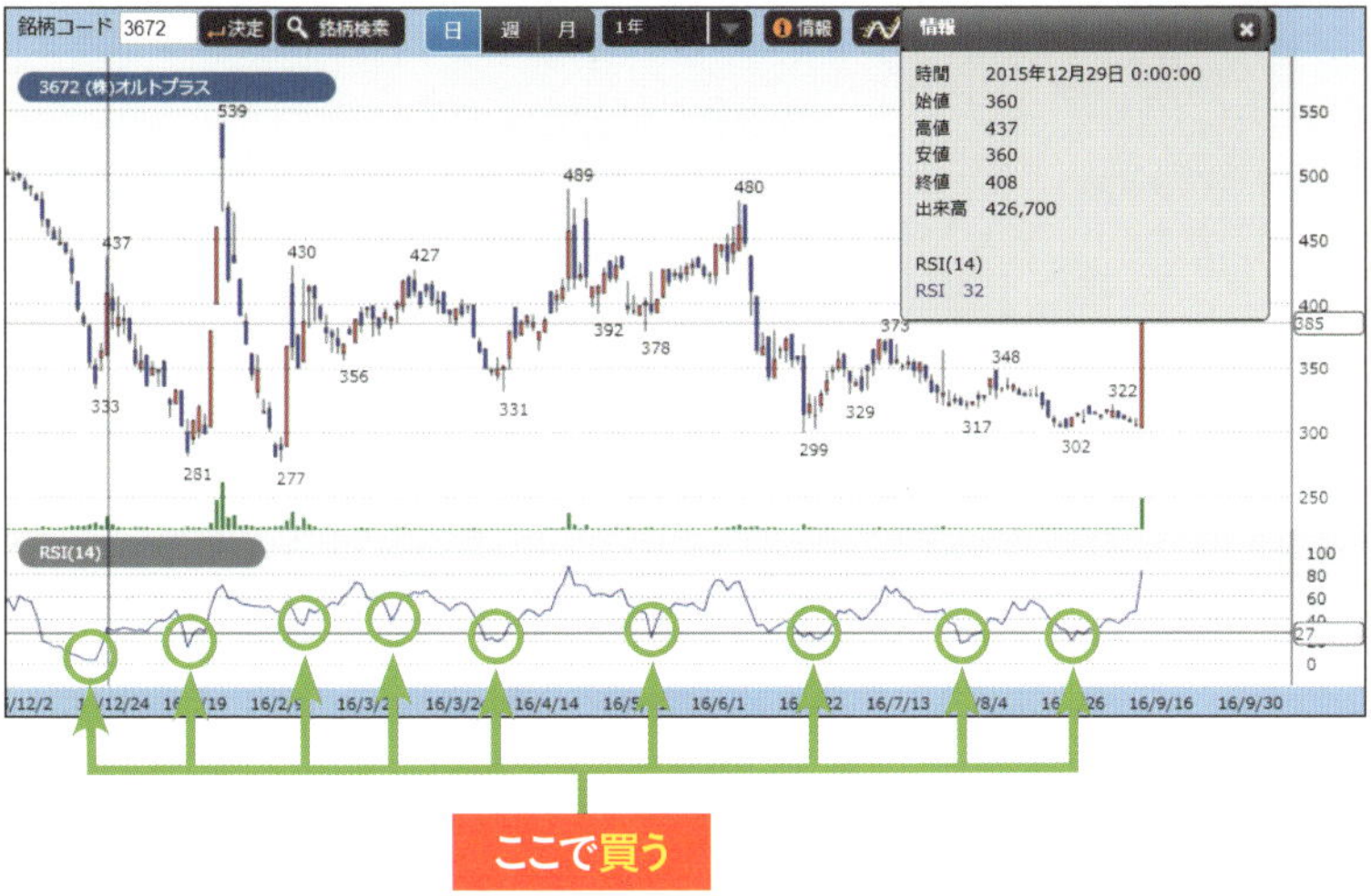

RSIは0～100%まで数値があるが、だいたい30%～70%の間で動いている。長期のチャートで見てみると、売られすぎを示す30%のタイミングが何回か訪れることがわかる。今すぐ買えなくても、必ず30%に近づくタイミングはやってくる。

【RSI30%からさらに下がった場合は？】

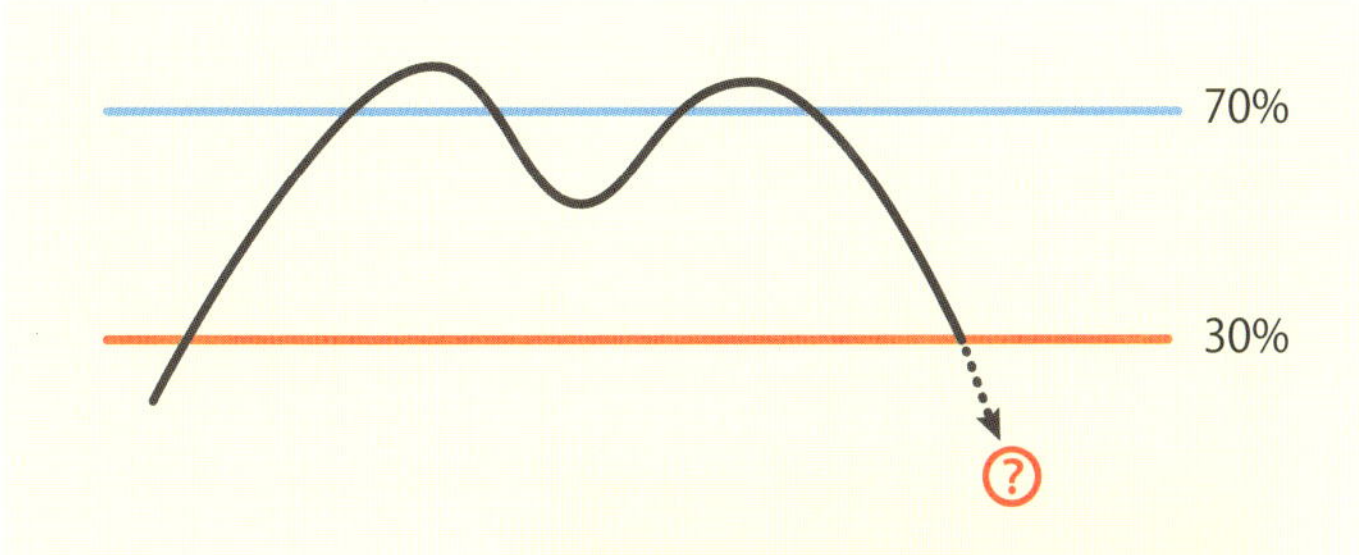

このために、ナンピン用の資金は必ず残しておくんじゃ!
(資金管理については →p.126)

優良銘柄を選んでいれば、株価が大幅に下がる可能性は低いが、万が一さらに下げたときを想定して、初期エントリーでは資金全部を一気に使わず、ナンピン用の資金を確保しておこう。

(ナンピンについては→ p.106)

RSIだけじゃダメヨ！

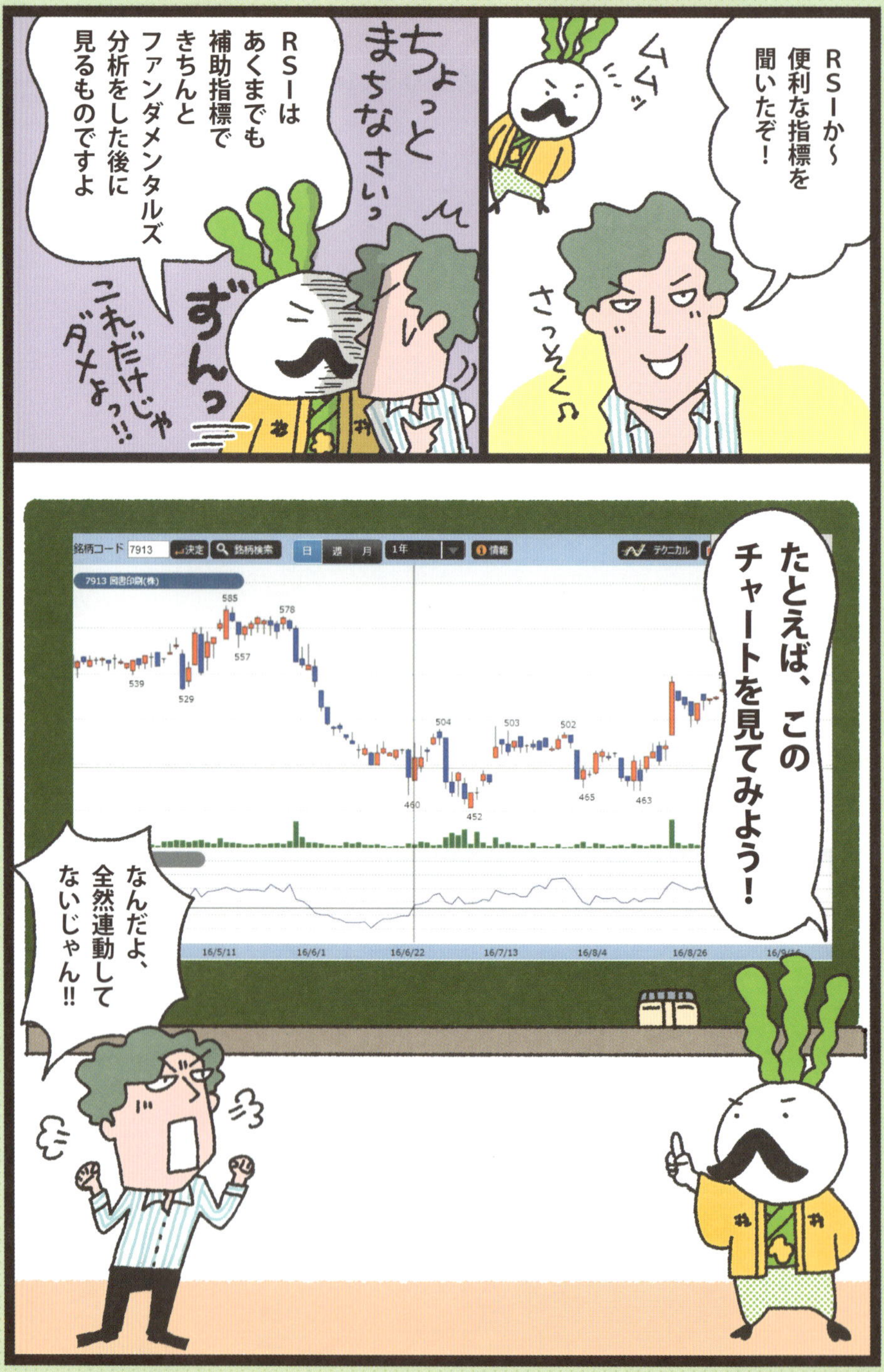

RSIか〜便利な指標を聞いたぞ！
ムムッ
さっそく♪
ちょっとまちなさいっ
RSIはあくまでも補助指標できちんとファンダメンタルズ分析をした後に見るものですよ
ずんっ
これだけじゃダメよっ!!
たとえば、このチャートを見てみよう！
なんだよ、全然連動してないじゃん!!

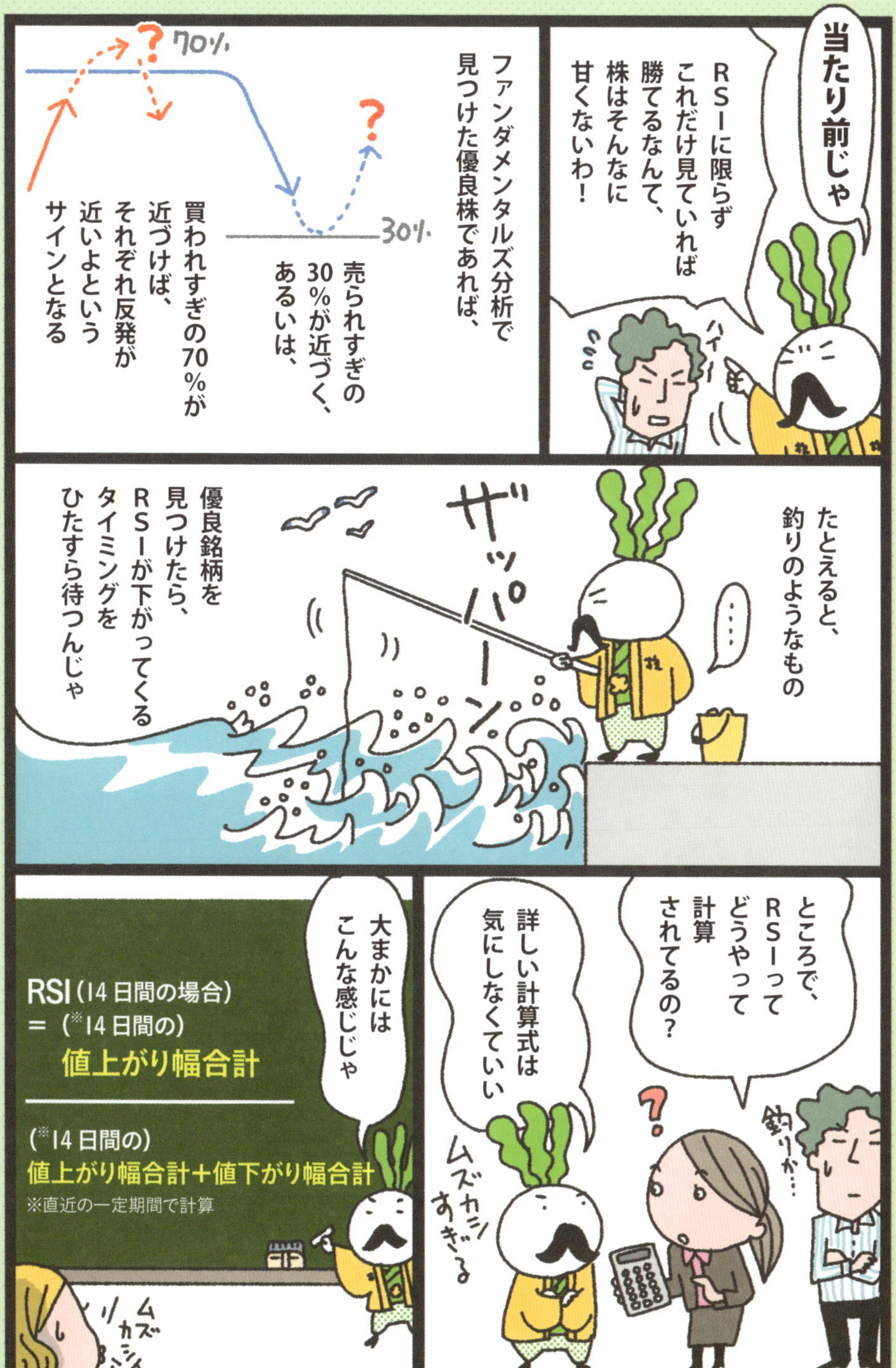
当たり前じゃ
RSIに限らずこれだけ見ていれば勝てるなんて、株はそんなに甘くないわ！
ハイ…
ファンダメンタルズ分析で見つけた優良株であれば、
売られすぎの30％が近づく、あるいは、
買われすぎの70％が近づけば、それぞれ反発が近いよというサインとなる
70%
30%
たとえると、釣りのようなもの
……
ザッパーン
優良銘柄を見つけたら、RSIが下がってくるタイミングをひたすら待つんじゃ
ところで、RSIってどうやって計算されてるの？
釣りか…
詳しい計算式は気にしなくていい
ムズカシすぎる
大まかにはこんな感じじゃ
RSI（14日間の場合）
＝（※14日間の）値上がり幅合計
（※14日間の）値上がり幅合計＋値下がり幅合計
※直近の一定期間で計算
ムズカシイ

時

売るタイミング（利食い）❶

5〜8％の利益が出たら少しずつ売る

配当利回りの2〜3年分が利益の目安

よく「買った時より10％上がったら売る」「2倍になったら売る」というふうに何の根拠もなく利益を決めている人がいますが、それはあまりにも乱暴です。

利益の目安は配当利回りの2〜3倍と考えましょう。配当利回りの2〜3倍というのは、その株を2〜3年保有した場合に配当としてもらう利益と同じになります。2、3年分の利益が2、3か月で得られれば十分おいしいと思いませんか？

例えば、配当利回り2．5％の銘柄なら、株価が5〜8％値上がりした時が売りのタイミング。そこから少しずつ売っていきます。

少しずつ売ればメンタルが楽になる

株を全部一気に売ってしまうのは失敗のもとです。これまで、売ったあとに株価がぐんと上昇し、「もう少し待てばよかった」と後悔したことはありませんか？ 悔しいと思うと欲が出て、次に冷静に売買することができなくなります。

5〜8％の利益が出たら、まず保有する株の一部だけ売ります。そうすれば、その後株価が上昇しても、手元に残った株は値上がりしているので「持っていてよかった」と思えます。逆に、一部売却後に値下がりしたら、最初に売却した株の利益を再投資して繰り返し利益を出すこともできます。

用語解説　【トレンド系分析】

株価の動きの傾向を「上昇トレンド」「下降トレンド」と表しますが、トレンド系分析は、p 92のオシレーター系分析に対して、そうした相場の方向性を図るチャートのこと。ローソク足や移動平均線などを用いて分析をします。本書では、チャートで相場の方向性を予測することをしないため、これらの指標について扱っていません。

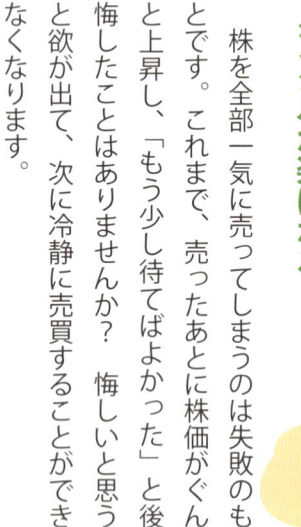

利食いルール1 少しずつ売る

年配当2.5%の場合

→ 5〜8%の利益
＝年配当2.5% × 2〜3倍

つまり

2〜3年株を持っていたのと同じ利益を、
数週間、数か月でとれればかなりおいしい。

例

6／20に1000円で200株買った

7／1に1050円に上がった
（買値＋5%の利益）

→ 200株全部売る
210000円
＋10000円の利益

100株売る
105000円
＋5000円の利益

→ 100株持ち続ける

7／10に
1060円に上がった
1060×100＝106000
（6000円の利益）

or

7／10に
980円に下がった
980円 ×100＝98000

もし、200株持ったままだったら、▲4000円の損失

全部で（5000＋6000円）
＋11000円の利益

全部で（5000－2000円）
＋3000円の利益

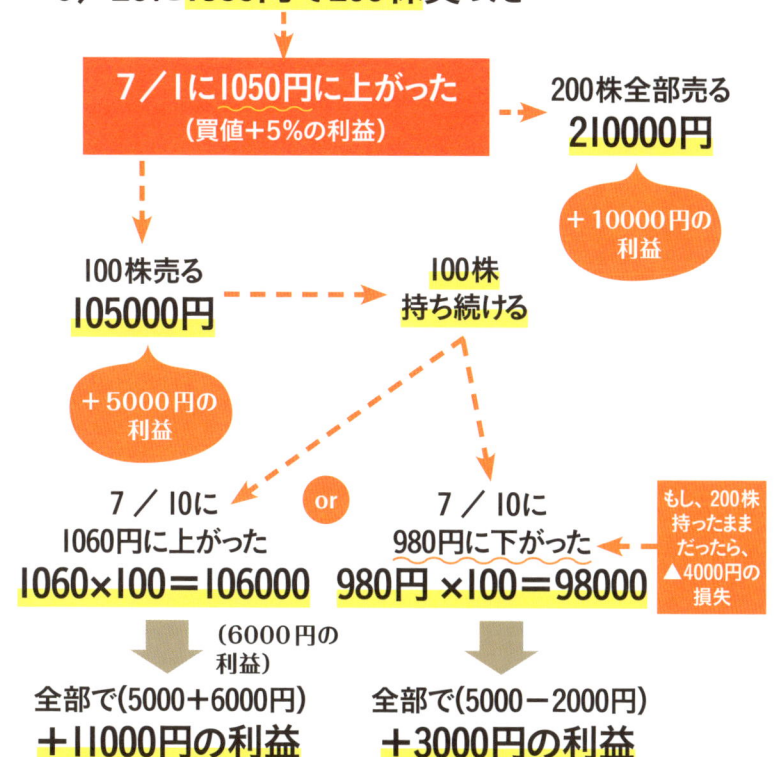

時

売るタイミング（利食い）②

RSI70%をゴールとする

少しずつ売りながら70%を目指す

RSI30%という「売られすぎ」のタイミングで買った株は、その後、株価が上昇する可能性が高くなります。

株価が上昇している間は、5〜8%上がったら売るというトレードを繰り返しましょう。そして、**RSIが70%になったら、その銘柄はいったんすべて売ります。**

これまで見てきたように、RSI70%は、「買われすぎ」の状態です。この先はいつ株価が下げに転じてもおかしくありません。欲を出して持ち続けると、含み損を出しかねません。RSI70%をひとつのゴールとしましょう。

トレード期間は最長半年を目安に

RSI30%で買って70%で売るというルールでトレードすると、どんな株も半年程度でだいたいの結果が出ます。

「いい銘柄だから」と、チャートや情報の更新を行わず、ずるずる持つのはNGです。知らない間に値下がりし、塩漬けにしてしまうリスクがあります。必ず、持っている株をいつ売るかというタイミングを決めておくことが大事です。

それは「上がったとき」だけではなく、万が一、株価が下がったときも同じです。ナンピンやロスカットのルールも、しっかり決めておく必要があります。

用語解説 【日銀短観】

「全国企業短期経済観測調査」といわれるもので、日本銀行が全国主要企業の経営者に対して行ったアンケート結果を指標化したもの。毎年3、6、9、12月の年４回行われ、公表された結果は日本経済の状態を知る手がかりとして国内外から注目をされており、株価に影響を及ぼす指標とされています。

RSIを目安にする

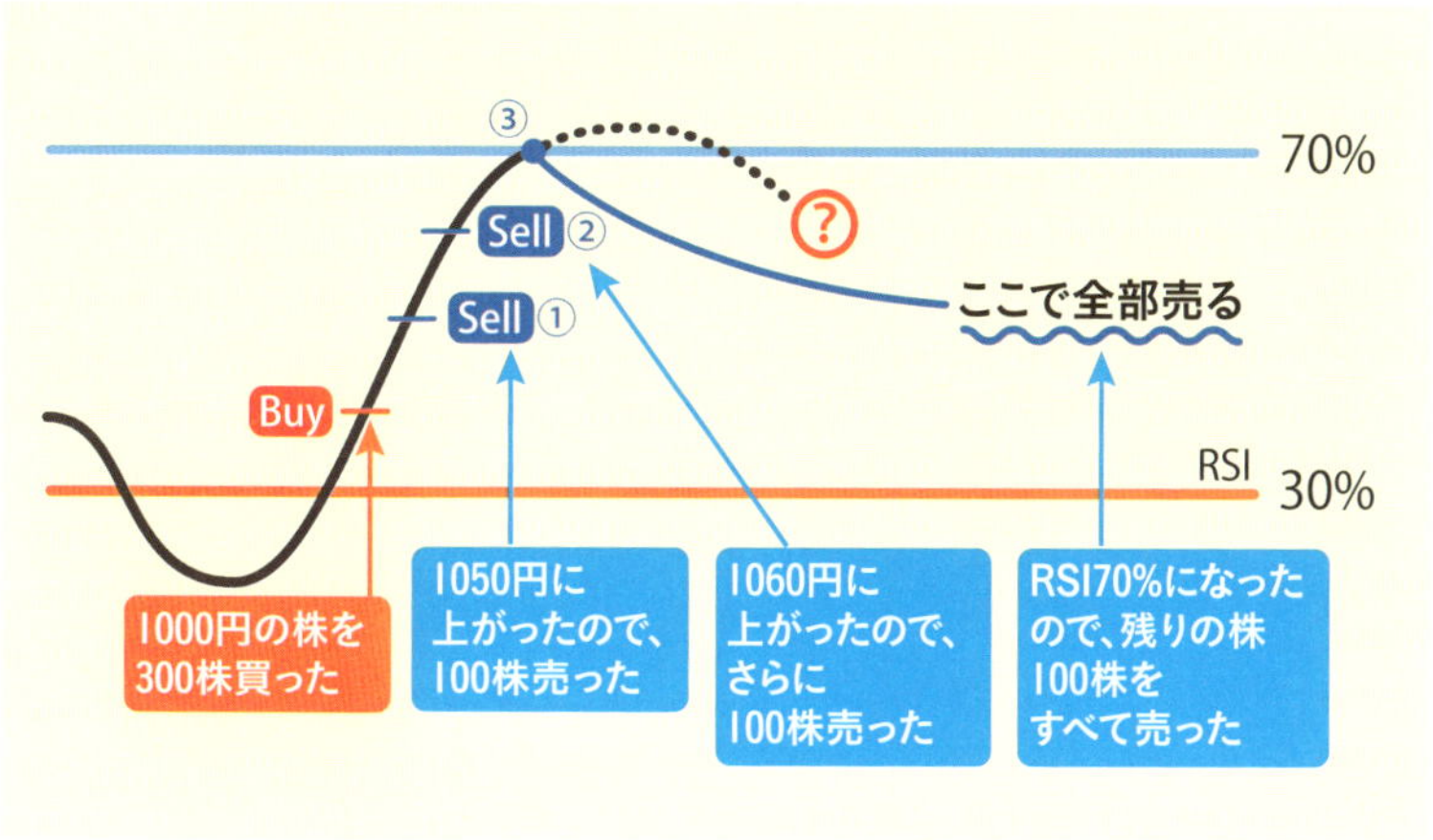

【実例で見てみよう】

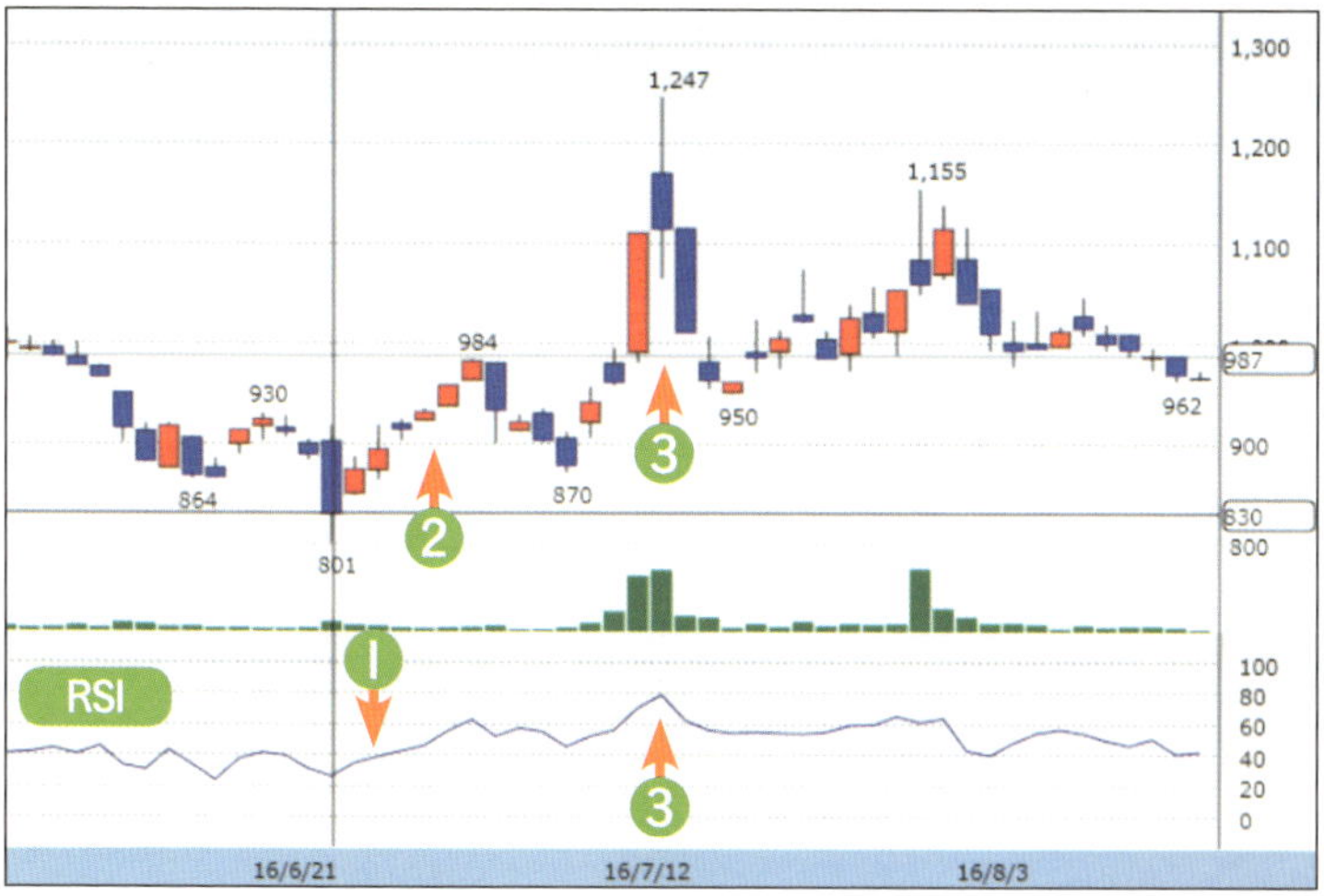

❶ 6／24に830円で200株買った

❷ 6／28に880円で100株売った

❸ 7／12に1100円で100株売った

＋5000円の利益

+27000円の利益

時

売るタイミング（利食い）③

下がってきたらトレイリングストップ

RSIが70%まで行かなかったとき

全株を売却するタイミングをRSI70%としましたが、そこまで行かずに株価が下落することもあります。

例えば、含み益が8%出ているとき、RSIが70%にならずに下がってきたとします。含み益も7%、6%と減ってきます。このとき、このまま株を持ち続けると株価が買値以下になる恐れがあります。そうすると利益を取らずに、今度は含み損が出るリスクが出てきます。

それを防ぐ方法として「トレイリングストップ」という考え方があります。これは、下がってきた株は意固地になって持ち続けず、買値以下になる前に売却するテクニックです。例えば、8%の含み益が6%にしぼんだら売るというふうに、株価が下がってきたときに**「何%まで含み益が縮小したら売る」**と決めておくのです。

優良株であれば、上がるのを待ってもOK

トレイリングストップは、短期的に利益を出したい人に向いているやり方です。基本的に、株価が下げにくい銘柄を選んでいますから、待てる人はもう一度株価が上がるのを待っていてもかまいません。

どの方法で利食いするかは、その人次第です。自分がストレスなくやれる方法を選んでください。

用語解説　【トレイリングストップ】

株価の値動きに合わせて、ロスカットラインを引き上げたり引き下げたりする投資方法。「指定した株価よりも高くなれば買い、安くなれば売る」という逆指値注文価格を株価の変動に応じてリアルタイムで修正。この注文方法をシステムとして導入している証券会社は少なく、逆指値注文を手動で修正するため上級者向けのテクニックといえます。

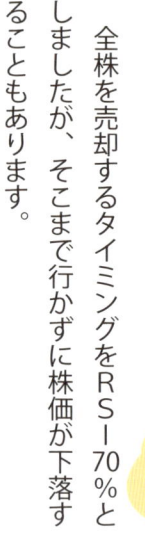

トレイリングストップとは?

【逆指値注文を使うと】

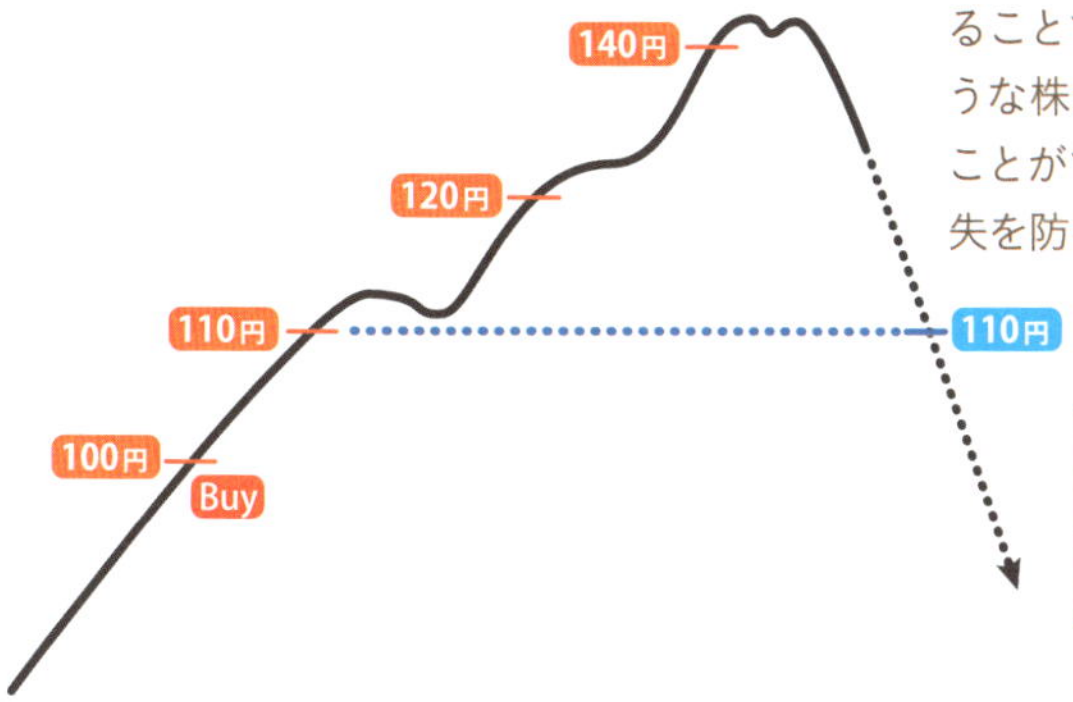

「○円まで上がったら買う」「○円まで下がったら売る」とすることで、これから上昇しそうな株が上昇したときに買うことができ、下がった場合損失を防ぐことができます。

含み益が出たときに逆指値注文しておくと、売りのタイミングを逃さずにすむ。

【トレイリングストップを使うと】

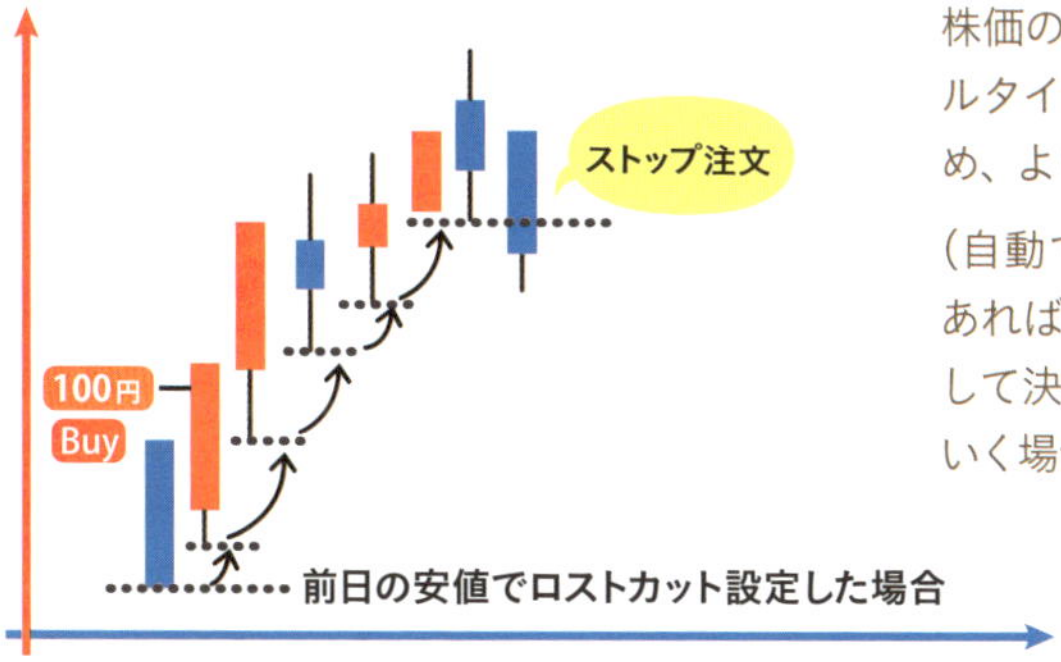

株価の値動きに合わせてリアルタイムで自動修正できるため、より高値で決算できます。

(自動で設定できるところもあれば、自分で逆指値を利用して決済ラインを切り上げていく場合も。)

100円 → 110円に上がった → 前日安値95円

110円 → 120円に上がった → 前日安値105円

120円 → 130円に上がった → 前日安値115円

130円 → 140円に上がった → 前日安値125円

140円 → 130円に下がった → 125円で売り

ストップ注文が、値上がりによって更新される

1株25円の利益

時

株を買ったら……

銘柄を管理しよう

値動きよりもニュースをチェック

株を買った後は、その株がRSI70％のゴールに到達するまで、銘柄を管理していきます。管理といっても、たいしたことではありません。

株を買うと値動きが気になり、スマホやパソコンをちくいちチェックしている人がいます。これでは、株式市場が開いている間まったく気が休まりません。株価が気になって仕事が手につかないということになれば本末転倒です。

本書を読み進めてきた人はもうわかると思いますが、ファンダメンタルズ分析をしっかり行って銘柄を選んでいれば、細かい値動きはチェックする必要がありません。1日1回見る程度で十分です。

銘柄管理でもっとも大事なのは**「悪いニュース」がないかチェックすること**です。

ストーリーの変化に敏感になろう

しっかり企業分析をして買った銘柄でも、決算で「下方修正」が出たり、致命的な不祥事を起こしたりすると、買ったときとは**会社のストーリーが変わってしまいます**（↓112ページ）。それが株に影響を与えるものであれば、「ナンピン」「ロスカット」など次の手を打たなければなりません。その機会を逃さないよう悪いニュースには敏感になりましょう。

用語解説　【アラートメール】

証券会社のホームページであらかじめ設定しておくと、保有銘柄や気になる銘柄の株価の状況や取引状況などをメールで通知してくれるサービス。いちいち自分の証券口座のホームページやチャートを開かなくても、タイムリーに情報を入手することができます。各証券会社によってサービスの内容は異なります。

適度にチェックしよう

1回株を買うと、何度もチェックしてしまう人もいれば……
下がった？下がってない？
そわそわ
まったく忘れてしまう人もいる
わっ♪これかわいい♪
まぁまぁ
ファンダメンタルズでしっかり選んだ株だから、大丈夫じゃ！
ですよねー♪
でも、放っておきすぎもNGじゃ
ズイッ
NG
あらっ…
ですよね
気にしすぎもよくないが、株は生き物！いつ何があるかはわからない 1日1回はチェックしよう！
アラート設定
09/16 リアルタイム株価
478
特に悪いニュースには敏感になろう！
アラートメールを利用するのもおすすめじゃ

時

ロスカットルール①

ナンピンをする前に再確認しよう

株価が下がったらどうするか

一般的に、株価が下がったときに「ナンピンは危険だ」「ダメなやり方だ」という風潮があります。それは企業分析をせずに株を買い、どこまで下げるかもわからずにナンピンしてしまうからです。

株で勝つためには、初期エントリーのときに「一発買いをしない」のが鉄則です。**必ず、株価が下がることも想定し「ナンピン」できる資金を残しておきます。**資金の配分については「資産管理」のところで詳しく説明します。ここではナンピンをするときのチェックポイントを確認しておきましょう。

ストーリーに変化がないことが条件

ナンピンは、初期エントリー時よりも株価が下がったときに買い増しをして、平均取得単価を下げることが目的です。一株あたりの買った値段が下がれば、上がったときにより多くの利益が取れます。

しかし、**株価が下がった理由が「会社のストーリーの変化」にある場合は、ナンピンせず損切り（ロスカット）**します。

ナンピンで買い増しをするときは、あくまで業績や配当利回りなどに変化がないことが条件です。良い株を安く買うためにナンピンをするのです。下げた損を縮小するために買い増しするのではありません。

用語解説 【ナンピン】

漢字では難平と書く、災難＝「相場の変動による損失」を平均化するという意味の言葉。購入した株の価格が下落したときに、さらに買ったときよりも安値で買い増すことで、株を取得した価格の平均を引き下げる手法。空売りで株価が上昇した際の「ナンピン売り」という手法もあります。

ストーリーに変化があれば、すかさずロスカット

例

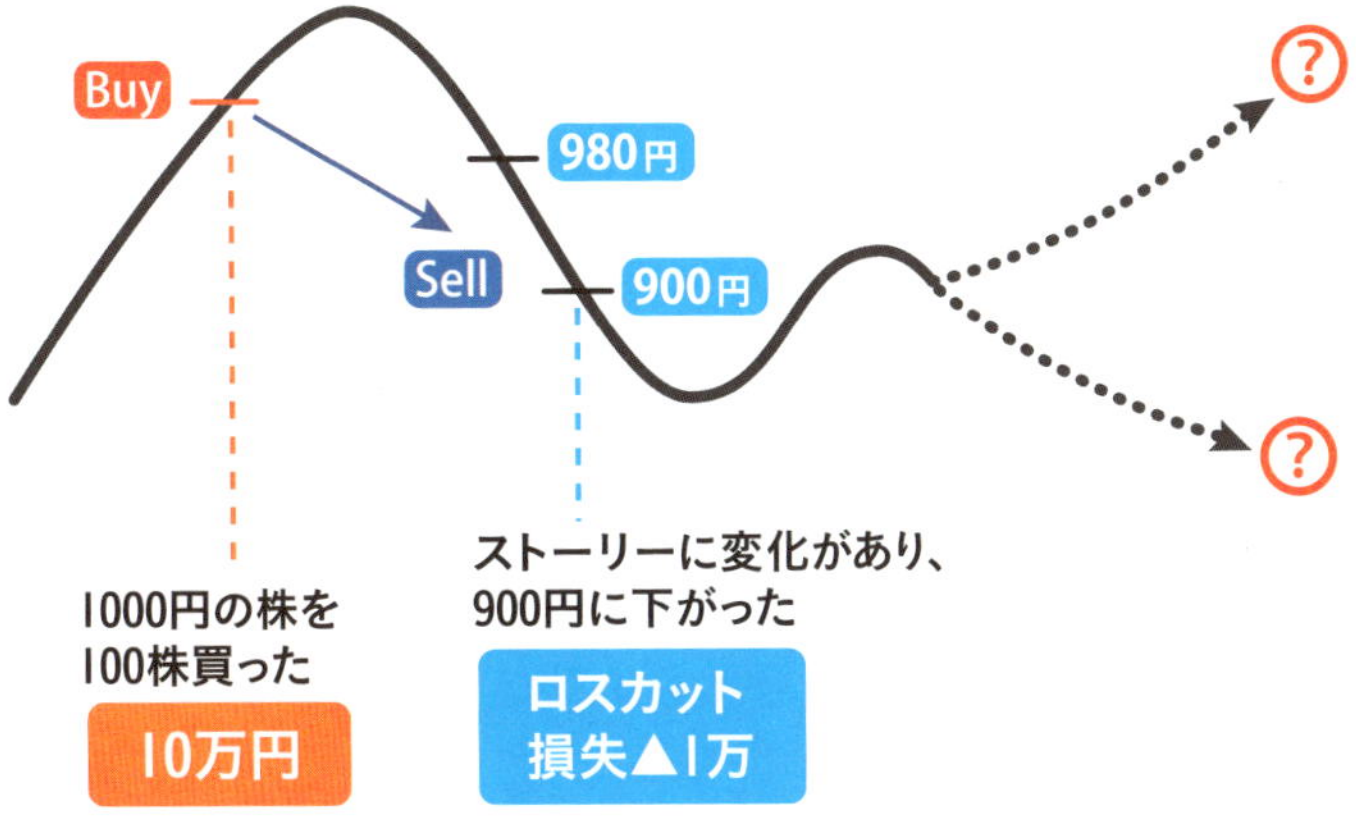
Buy
980円
Sell
900円
?
?
1000円の株を
100株買った
10万円
ストーリーに変化があり、
900円に下がった
ロスカット
損失▲1万

ナンピンをする前に
次のことを再チェックじゃ!

- □ 初期エントリー時、きちんと下の項目をチェックしたか？
  - 経常利益は上がっているか？
  - PERは15倍以下か？
  - ROEは10%以上か？
  - 自己資本比率は40%以上か？
  - 配当利回りは2.5%以上か？
  - 決算内容に気になるニュースはないか？
- □ 下方修正はないか？
- □ 減配はないか？
- □ 不祥事など会社が故意に起こしたニュースはないか？

→ すべてに**チェック**がついたら**ナンピン**へ（→ p.106へ）

つかなかったら**ロスカット**

時

ロスカットルール②

10～15%下げたらナンピンしよう

ナンピンは冷静に行う

会社のストーリーに変化がないにもかかわらず、初期エントリーより株価が下がったらナンピンを検討します。ただし、下がったからといって、すぐ買い増しするわけではありません。１０００円の株価が９８０円に下がったくらいで買い増してもナンピンの効果はほとんどありません。買い増しするときに売買手数料がかかることを考えると、**わずか数%の下げで買い増しすれば、むしろ損を増やす**ようなものです。

企業分析で良い銘柄を選んでいるのですから、ちょっとした下げに慌てる必要はありません。落ち着いて判断しましょう。

ナンピンせずに株価が上がることも

ナンピンのタイミングは、計画的に決めておくことが大事です。

買い増しする目安は、**初期エントリーの株価から10～15%下がったとき**です。

少しずつ下げていても10%まで到達しないときは、悪いニュースが出ないかチェックしながら、相場を静観しましょう。

もともと配当利回りがよい銘柄を選んでいるはずですから、10～15%まで下がらずに株価が上昇することもあります。その場合はナンピンはしません。利食いルールに従い、5～8%の利益が出たところで少しずつ売っていきましょう。

用語解説　【逆張り】

悪い情報が発表されたり、業績悪化のために株価が下落した銘柄を底値を見極めて買うことを「逆張り」といいます。短期間で業績が改善すれば、大きな値幅を取ることができますが、下落トレンドで購入するため、株価がどこまで下がるかわからないリスクの高いトレード法です。その逆で、上昇トレンドに乗って買うことを「順張り」といいます。

ナンピンをうまく使おう

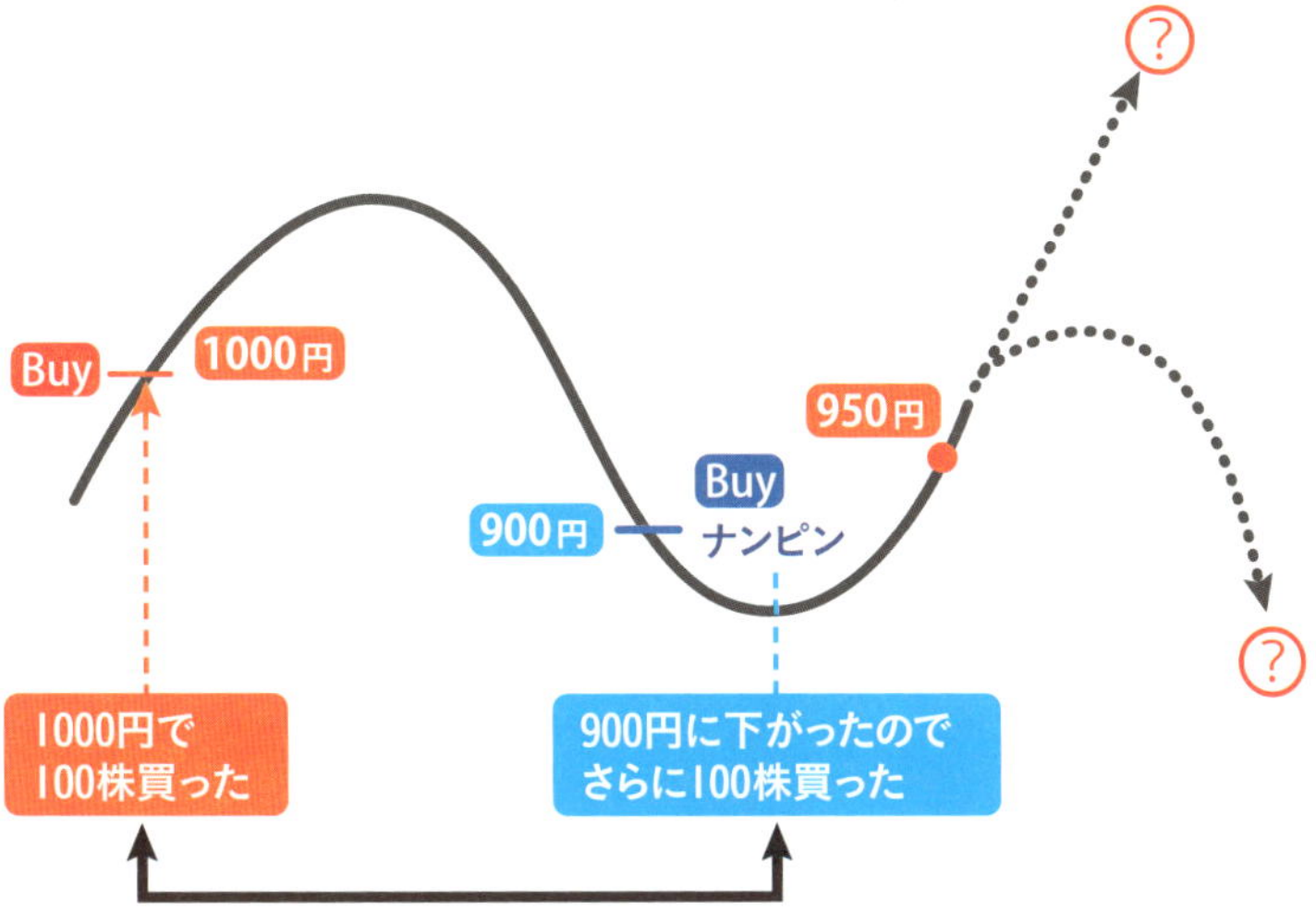

【なぜ、10～15%下げたら買うのか?】

ナンピン後の平均単価

1000円 → マイナス2% → 980円 → 990円 ← 平均単価を引き下げるのに不十分

1000円 → マイナス10% → 900円 → 950円

1000円 → マイナス15% → 850円 → 925円

初期エントリーの時点で下がった場合も想定し、ナンピン用予算を用意したうえで、ナンピンに臨むのに有効な10～15%まで下がるのを待つのがポイントじゃ。

時

ロスカットルール③

ナンピンは1回まで

下げ続けても追わない

基本的に、初期エントリーのあとナンピンするのは1回のみです。これは、資金管理とも関連するルールですが、最初に、ナンピン用の資金は1回分しか用意しません。それ以上、買い増しすれば予算オーバーになります。**資金を追加して買い増しするのは失敗のもと**です。

多くの人が、完璧な売買ルールがあれば、利益を出せると思っています。しかし、その土台となる資金管理がブレてしまうと計画どおりの利益は望めません。

予算以上のお金を使って、下げている株を深追いするのはやめましょう。

ロスカットしていったんリセット

ナンピンのあと、**さらに10％～15％下がったときはロスカット（損切り）**します。ただし、本来ならば業績の下方修正や減配などの悪いニュースによって、会社のストーリーが変わったのでなければ、売らずに持っていてもかまわないのです。

ここでロスカットするのは、含み損が大きくなってメンタルがぶれるのを防ぐためです。いったん、リセットして初期エントリー時から**下げてしまった原因をしっかり追究**してください。

ファンダメンタルズ分析や売買ルールにミスがなかったか確認しましょう。

用語解説 **【上場廃止基準】**

投資家の保護を目的として定められたもの。東京証券取引所では、株主数400人未満、時価総額10億円未満、流通株式数2000単位未満、1年間の月平均売買高が10単位未満または3か月間売買不成立などの基準を採用しています。

ナンピン後はいさぎよくロスカット

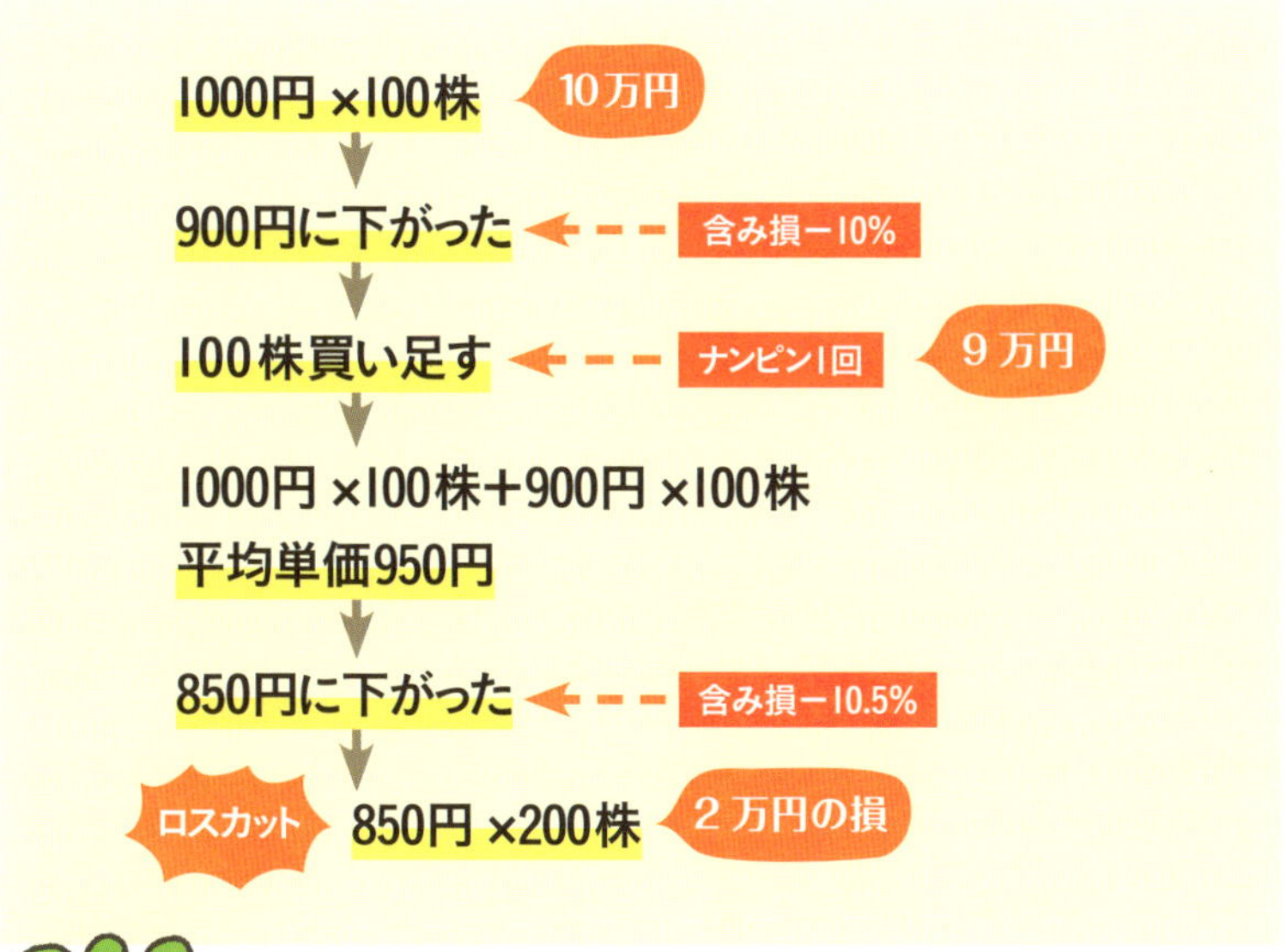

失敗しないための売買ルール

◎ナンピン後、含み損がマイナス10～15%になったら、いさぎよくロスカット！

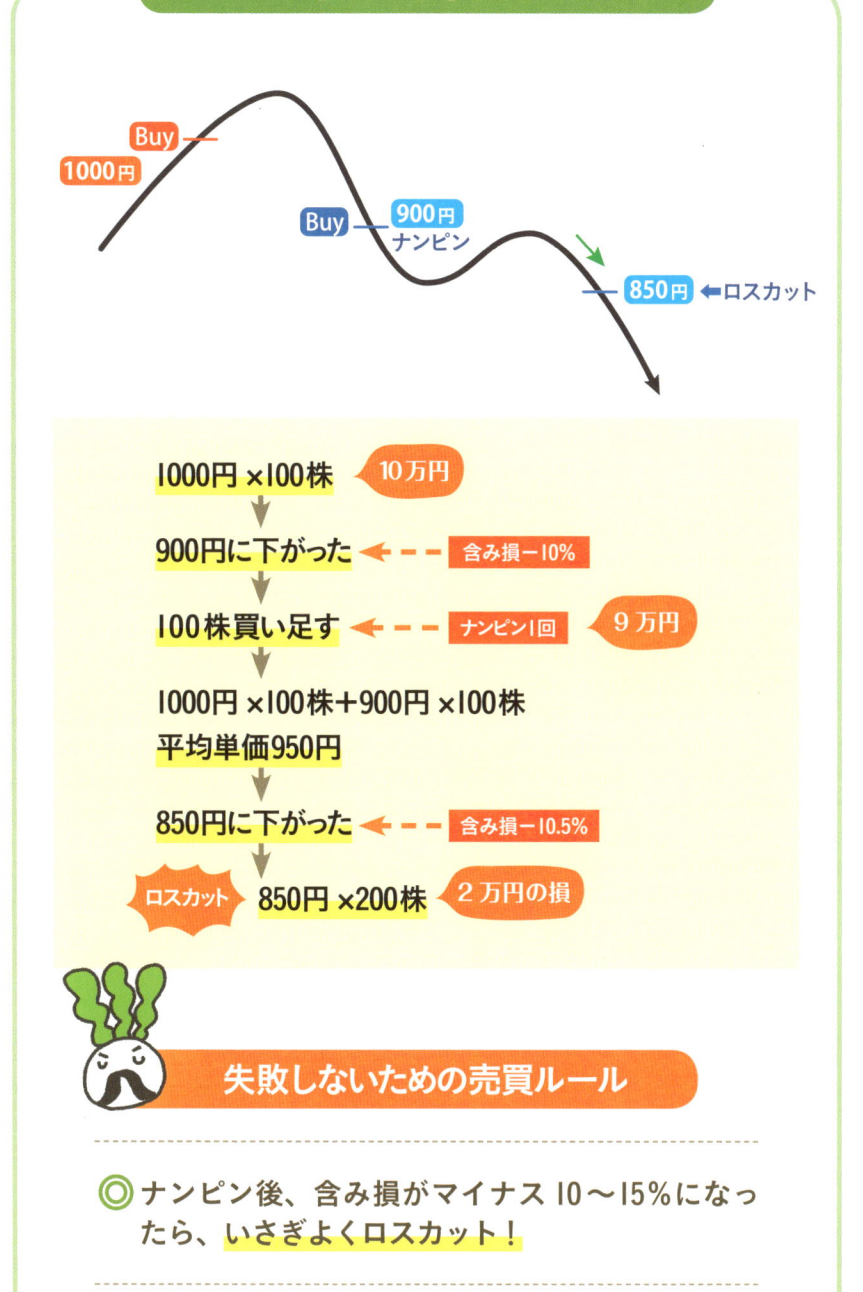

〝ナンピン団子〟に要注意

本やネットでは、ナンピンは危険って書いてあります
心配で…
大丈夫ですか?
超株
株
もちろんやみくもに行うナンピンは危険じゃ
資金管理と下げ幅を意識したナンピンを心がけるのじゃ
危険なナンピンの例
1000円で100株
Buy
960円に下がったのでまた100株ナンピン
980円に下がったので100株ナンピン
これはナンピンではなく、「ナンピン団子」と言う
900円まで値下がりすれば、トリプルパンチを食らってしまう
損
損
損
どんどんどん
ぎゃーっ
「ナンピンは危険」と言われるようになったのは、「下がったら買う」だけが独り歩きした結果、やられた個人投資家が続出したせいじゃ
ふぅー…
はあ…

1000円↓980円程度の下落幅では、ナンピンとは言えん
単なる買い増しじゃ
どうぞ
だから、10～15%下がるまで待つのねー
おいしー♡
株価が下がるかもしれないということは、初期エントリーの時点で想定内
だからこそ、最初のナンピン用資金も用意しておくことが重要なんじゃ
¥
へえー
茶
悪いのはナンピンじゃない！間違った使い方をする人じゃ！ルールさえ守ればナンピンは怖くない！
くれぐれも、ルールを守ってくれよ！
ズイッ
近い…

時

ロスカットルール④

ストーリーが変わったら売る

ロスカットするべきストーリーの変化とは？

株を持っている間、もっとも注意したいのは、その会社の「ストーリーの変化」です。具体的にどのような変化があったら、持っている株を手放したほうが安全か、ここで改めて確認しておきましょう。

①下方修正で経常利益が減少
②本決算で次期予想の経常利益が減益
③配当予想の減配
④粉飾決算や食品偽装など会社が故意に起こした事件が発覚

①～④の変化は、**株価を守るものがなくなることを意味**します。初期エントリー後、このような「悪いニュース」が入ったときは、株価が10％～15％下がるのを待たずに、**その時点で株は売却**します。

株価が下落している理由に注意する

一方、株価が下がっている要因が、会社のストーリーの変化ではなく、**相場全体の流れであれば、ロスカットする必要はありません。**

例えば、イギリスのEU離脱問題やテロ事件などが起こると、世界経済が不安定になります。そうすると、世界中のマーケットで株価の下落が起こることがあります。その流れに押されて下落したという場合は、会社の要因ではないので10％～15％下がったらナンピンします。

用語解説【セリング・クライマックス】

セリング・クライマックス（selling climax）とは、「劇的な売り」という意味で、株式相場の下落局面において悪材料がきっかけとなり、投資家が悲観的になって一斉に売りに転じ、株価が大幅に下がる状態のこと。売りつくされたあとは、反発して上昇傾向に転じることが多いです。

「買った理由」がくずれたら売ろう

ファンダメンタルズ分析で選んだ株

株価が下がった

－10～15%に下がるまでキープ

－10～15%に下がったらナンピン

業績予想や配当利回りと無関係に下げているときは、ナンピン用資金で1回だけ買い増しする。

配当が守ってくれる

配当が減らされた

ストーリーが変わったので売ろう！

悪いニュースによって、会社のストーリーが変わってしまった場合は、迷わずロスカットしよう。

「業績下方修正」など「悪いニュース」が出た

ストーリーが変わった

売ろう

悪いニュースが出て株価が下落するリスクが高まったら、即売却し、損失を最小限に抑えよう。

利益が出ていれば、逆指値、トレイリングストップで利益を守ろう

仕事などですぐに売買注文を出せない人は、あらかじめ逆指値やトレイリングストップを使って、株価の下限を設定しておこう。

（→P.100へ）

なぜ株価が下がったのかを分析しよう

エントリーした銘柄は、ファンダメンタルズ分析で株価が下がりにくいものを選んだはず。下がってしまった原因をしっかり分析し、投資ノートなどに書きとめ、この経験を次の銘柄選びに活かそう。

Q&A 株売買の疑問にお答えします

こんなときどうする？

Q1 「指値」と「成行」はどう使い分ければいい？

A 基本的には指値で買おう

成行注文は、売り気配の最安値で約定します。確実に株が買えるメリットがありますが、それがデメリットにもなります。それは、注文時に売り買いの値幅（スプレッド）の差が開いていた場合は、高値で約定してしまうことがあるからです。

「RSI30％で買うタイミングだから」と慌てて成行で注文するのではなく、スプレッドを確認し、**開きが大きい場合は指値で注文を出したほうが良い**でしょう。

【基本的には指値で買おう】

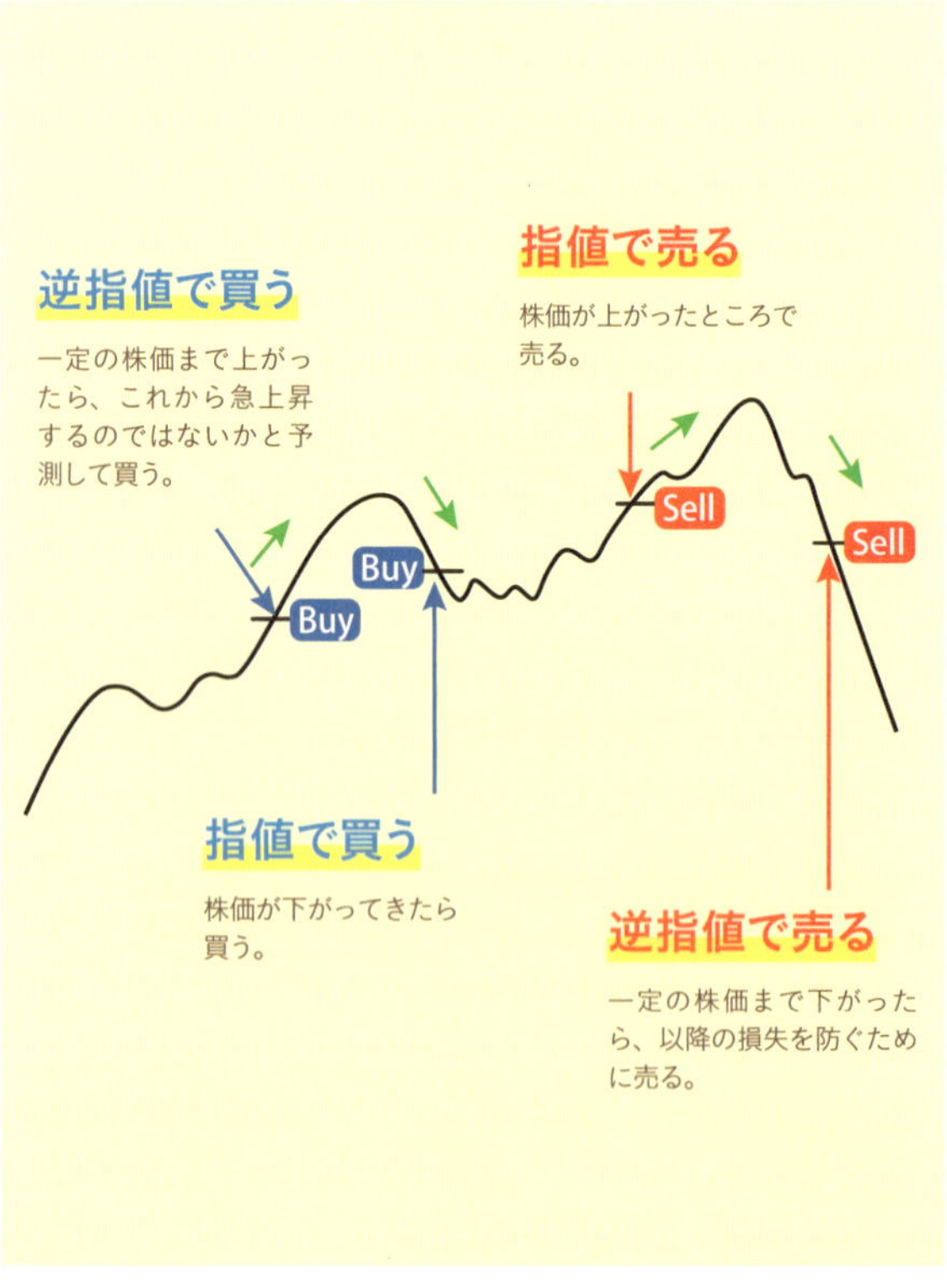

逆指値で買う
一定の株価まで上がったら、これから急上昇するのではないかと予測して買う。
指値で売る
株価が上がったところで売る。
Buy
Buy
Sell
Sell
指値で買う
株価が下がってきたら買う。
逆指値で売る
一定の株価まで下がったら、以降の損失を防ぐために売る。

「成行」注文は値幅の開きに注意

【成行注文のメリット】

売気配株数	気配値	買気配株数
11,900	464	
19,000	462	
23,600	460	
8,500	459	
1,400	458	
	456	1,500
	455	3,400
	454	4,000
	453	3,600
	452	9,200

成行で 300 株注文

458円で約定

成行注文のメリットは、買いたいときに確実に株が買えること。上記の板情報を見て 300 株の買い注文を成行で出した場合、売り気配の最安値 458 円で約定することができる。これにより、売り気配株数は 1,400 株から 1,100 株に減る。そのときに出ていた指値注文の中で最も高い買い気配 456 円よりも 2 円高い値段で買っているが、どうしてもその日に買いたいという場合には有効な注文方法。

【成行注文のデメリット】

売気配株数	気配値	買気配株数
31,900	504	
29,000	503	
13,600	502	
8,500	501	
1,400	500	
	456	1,500
	455	3,400
	454	4,000
	453	3,600
	452	9,200

成行で注文

500円で約定

売り買いの
値幅が大きい
ときは注意!

成行注文のデメリットは高値で約定してしまう恐れがあること。例えば、買い気配の最高値が 456 円であるのに対して、売り気配の注文が 500 円で値幅が大きく売買が成立していないとき、成行注文を出すと 500 円で約定してしまう。このあと、株価が上がればいいが、売り気配の 456 円寄りの買い注文が入れば、一気に値を下げてしまい、買ったとたんに含み損を抱えることになる。成行注文は「いくらでもいいから買います」という注文方法なので、売り気配と買い気配のスプレッドが大きい場合は高値掴みになりやすい。必ず板情報を確認してから、指値か成行かを判断しよう。

Q2 損を確実にしないために、株を長く持っていてはいけない？

A ストーリーに変化がなければ回復まで長期保有もOK

初期エントリーから株価が下落し、ナンピンしてもなかなか株価が回復してこないこともありえます。しかし、損失を抱えたとしても、好業績で高配当、ROEも高い状態で、**その企業のストーリーに変化がなければ、ルール通り保有していてかまいません。**

良い銘柄を買ったからといって、いつ株価が上がるかはわかりません。買って1週間ぐらいで上がることもあれば、2～3か月かけてじわじわ上げてくる場合もあります。「短期」「長中期」といった投資期間にはこだわらず、エントリーした銘柄の値動きに合わせて売買してください。

Point
- すぐに上がる株もあれば、時間をかけてじわじわ上がる株もある
- 企業のストーリーに変化がなければ、保有期間が長くなっても問題なし!

Q3 配当金をもらうには、いつからいつまで株を持っていればいい？

A 権利付き最終日～権利落ち日まで持っていればOK

本書で教えてきた投資法は、配当金目当てではなく、配当利回りに着目した、値下がりリスクの低い銘柄に特化した投資法になります。

しかし、配当金は年に1回、または2回の楽しみであることも事実。

株主になることで配当金を受け取ることができますが、いつでもいいから株を持っていればもらえるのか？　というとそうではありません。「この日に保有している人だけが受け取れる」という**「配当権利確定日」**というものがあります。

まず、上場している企業のうち3月に決算を迎える企業は約7割と多く、その他の月を決算月にしている企業が残り3割で、基本的には**決算月の月末が配当権利確定日**となっています。

また、**中間配当を出す企業の場合は、決算月の半年後の月末**がそれにあたります。

3月決算の企業の場合は、3月末が期末配当の権利月、9月末が中間配当の権利月になります。ただ、月末が土日祝日の場合は、その前日の営業日（金曜日が平日であればこの日）が権利確定日となっています。

ちょっとややこしい
「権利確定日」と
「権利落ち」について、
次のページで
見ていこう!

Point

- 配当権利付き最終日までに株を買えば、「権利確定日」に株を保有していなくても配当がもらえる
- 配当の受け取り方は4種類から選べる

「権利付き最終日」に注意したいこと

権利確定日を待たなくても配当は受け取れる

例えば3月が決算月の会社の場合、3月31日（火）が権利確定日として、その3営業日前となると、3月26日（木）が権利付き最終日にあたり、この日までに株を保有しておけば配当がもらえます。

そして、権利付き最終日を越えると、権利確定日を待たずしてその株を手放しても配当は受け取ることができます。

つまり3月26日に配当をもらいたい企業の株を買って、31日の権利確定日を待たずに翌日の27日（金）に売ったとしても配当はもらえることになります。

この27日（金）を「権利落ち日」

【3月カレンダー】

3月 March

日曜日	月曜日	火曜日	水曜日	木曜日	金曜日	土曜日
1	2	3	4	5	6	7
8	9	10	11	12	13	14
15	16	17	18	19	20	21
22	23	24	25	権利付き最終日 26 ココまでに買っておく	権利落ち日 27 売ってもよい日	28
29	30	権利確定日 31				

と言います。

そのため、配当権利付き最終日に近づくと配当取りを目的とした買いが入ってきて、株価は上昇しやすい局面になります。

特に、配当利回りが高い会社というのは、値下がりリスクが非常に低く、配当権利付き最終日に買いが入りやすい特徴があります。

権利付き最終日に株を買い、翌日売っても配当は受け取れる。しかし、高値で買うことになる場合が多いから避けたほうがよいぞ。

配当金の受け取り方もいろいろ

ちなみに、配当金の受け取り方は、次の方法があります。

①配当金受領証方式（従来型）
②個別銘柄指定方式（従来型）
③株式数比例配分方式
④登録配当金受領口座方式

①、②の従来型は、郵送されてくる配当金領収証というものを郵便局などに持っていくことで配当金を受け取る方法、もしくは株式を発行している企業に対し振込先の口座を指定し受け取るというやり方です。

①の配当金受領証方式は、毎回配当金領収証を郵便局や指定の金融機関に、印鑑と身分証を持っていかなければならないので受け取って落ち着いたと思ったら、3日後にまた別の会社から配当金領収証が届いて、「あ〜、また郵便局行かなきゃ（汗）」ということが何度もあるなど、嬉しい反面ちょっと面倒です。ただし、現金で受け取れるので、「もらった」という嬉しさはあります。

オススメの受け取り方は③か④です。

③株式数比例配分方式というのは、株を購入した際に使用した証券会社の証券口座に振り込まれます。

④登録配当金受領口座方式というのは、証券口座からの出金先として指定した金融機関の口座で配当金を受け取ることができます。

証券会社によっては③、④を取り扱っていないところもあると思いますので確認してみましょう。

株神の売買ルール まとめ

買う

□ ファンダメンタルズ分析で優良株を見つける

企業の決算短信から経常利益、業績予想、経常利益のPER、ROE、配当利回りを分析し、優良銘柄をピックアップ。そのうえで約定回数が1日50回以上ある会社にしぼり込み、株価が下がりにくく、売りたいときに売れる銘柄を選ぶ。

↓

□ RSIをチェック。30%近くになったら買う

70%と30%の線を基準に、購入予定の銘柄が、今「買われすぎか」「売られすぎか」をチェックする。RSIが30%近くになり「売られすぎ」となれば買う。RSIが中途半端な位置にあるときは、30%近くまで下がるのを待って買う。

売る【株価が上がっている場合】

□ 5～8%の利益が出たら少しずつ売る

配当利回りの2～3倍を利益の目安とし、株価が5～8%値上がりしたら、少しずつ売って利益を積み重ねる。全部一気に売らない。

□ RSI 70%をゴールにして全部売る

5～8%の利益を取っていくうちに、RSI70%の「買われすぎ」になったら、株価が下げに転じる可能性があるので全部売却する。

□ トレイリングストップを使う

5～8%の利益が出たあと、RSIが70%に到達せずに株価が下がってきたときは、買値以下になる前に売却して利益を確保する。

売る【株価が下がっている場合】

□ 10～15%下がったらナンピンする

初期エントリーの株価から10～15%値下がりしたら、ナンピンして平均取得単価を下げ、利益を出しやすくする。

□ ナンピン後、10～15%下がったら全部売る

ナンピンした株価からさらに10～15%下がったら、ロスカットのため全株売却し、損を最低限に抑える。

□ ストーリーが変わったら全部売る

業績の下方修正や減配などの悪いニュースによって、企業のストーリーが変わったら、全株売却しロスカット。

4章

賢く資金管理をしよう

資金管理も戦略のうち！

よし！オレは銘柄選びを極めたぜ！
ふっふっふ
あたしも一♪
特定のチャートだけ見ていればOKなんてラッキー☆
株神ありがとー♪
うんうん
明日からもうけるぞー！
オーーッ!!
チュン
チュン
完っ璧…
完璧だ！この銘柄は絶対もうかる！
オレ、天才！
よしっ
自信があるから、大胆にいこう！
うむ
貯金ギリギリまでつぎこむぜ！
いざ勝負！

ばっ……
○○株式会社
ウソだろ？
ガクガク
下がってる…
ピン
あ
大丈夫だ！
落ち着け、オレ！
ふーーっ
ふーっ
オレにはナンピンって
いう必殺技が…
必殺技が…
あっ
つ、
使えない〜！
ガーン
そんな資金、
残ってないぜ〜

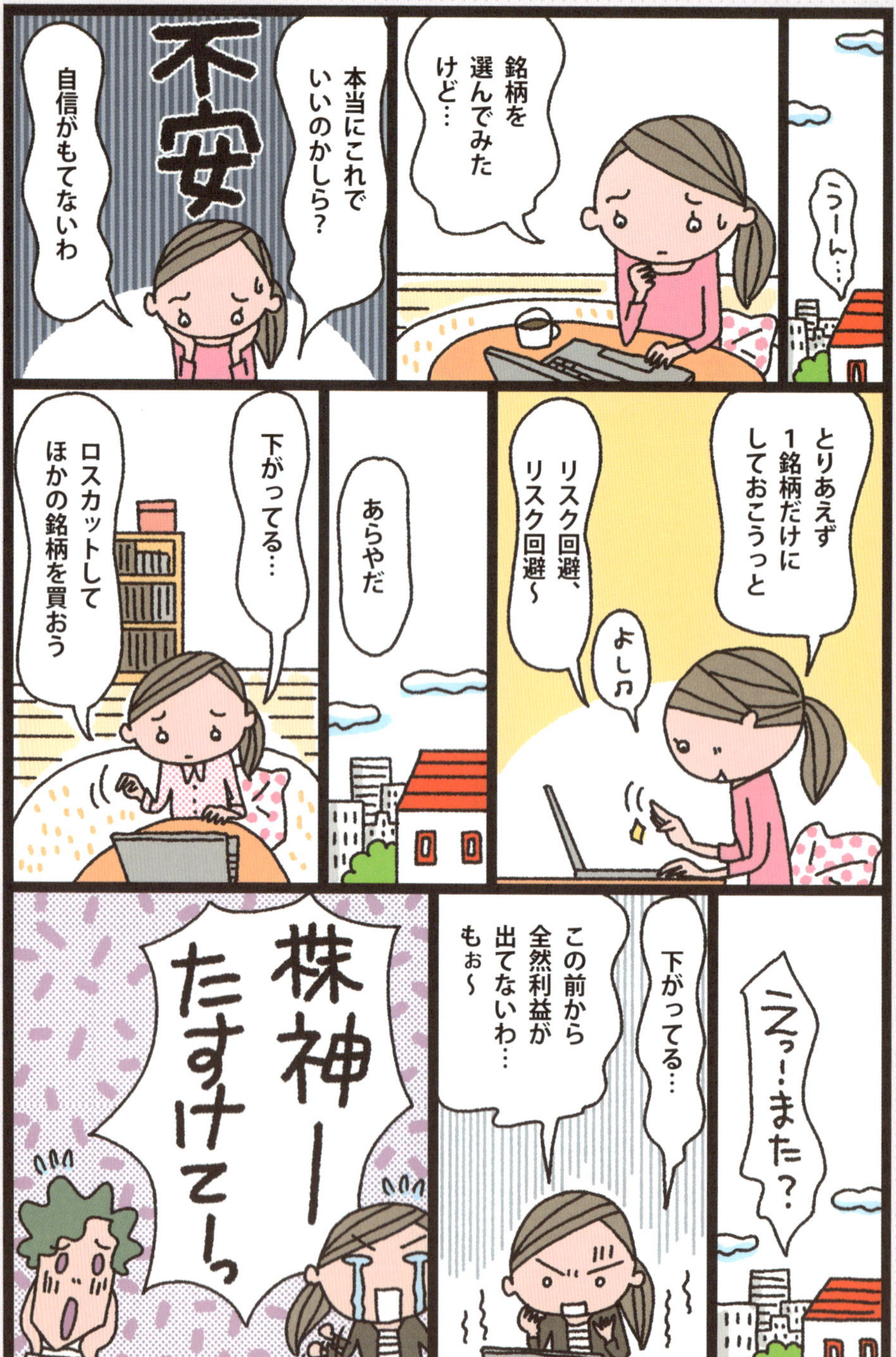
うーん…
銘柄を選んでみたけど…
本当にこれでいいのかしら？
不安
自信がもてないわ
とりあえず1銘柄だけにしておこうっと
リスク回避、リスク回避〜
よし♪
あらやだ
下がってる…
ロスカットしてほかの銘柄を買おう
えっ…また？
下がってる…
この前から全然利益が出てないわ…もぉ〜
株神ーたすけてー

キミたち…
まったくしょうがないな!
はぁー
いくらルールどおりにやったって、資金管理をしないと失敗するのはトーゼンじゃ!
う…
スミマセン…
まずキミ!資金ギリギリまで使ったら
ナンピンなんてできるワケないじゃろーがっ
ズキッ
ビシ!
そしてキミは株価が上下するものだということをわかってない!
ズキッ
1銘柄で勝負してたら結局ギャンブルと同じじゃ!
ビシ!
まだ言ってなかったがルールを守るには
資金管理ができてなくてはいけないのじゃ
え!?
え!?
そこで
今度は資金管理についてレクチャーするゾ
先に言ってよ
いってみよ～
もお～

資

資金管理が必要なワケ

資金管理の基本的な考え

資産管理がずさんだとルールが守れない

個人投資家の多くは、仕事や日常生活の合間に株式投資をしています。仕事をやりながら、ハラハラドキドキしない取引を行うには、資金管理が重要です。

資金管理では、大きく分けて次の2つのことを決定します。

①運用資金の目安

②運用資金をどのように資金分配するか

多くの人は、この2つを決めずに売買ルールだけで利益が出せると思っています。

しかし、それは大間違いです。資金管理は、いわば売買ルールの土台です。株で勝つには資金管理こそがキモなのです。

資金管理がメンタルを支える

①は、「**投資資金はいくらが妥当か**」ということです。「とりあえず元手は多いほうがいい」と安易に借金をして資金を作るのは厳禁です。返済期限に追い立てられ、無謀な取引に走りやすくなります。

②は、「何にいくら使うか」ということです。**資金を分割せず、すべて1銘柄に一気に投資してしまうと、それが値下がりしたら確実に損をします。**トレードで損を出せばメンタルがぶれ、売買ルールが守れなくなるという悪循環が起こります。

資金管理をしっかり行えば、強いメンタルでトレードに挑むことができます。

用語解説　**【ツレ安】**

ある銘柄で悪いニュースが出るなどして大きく値下がりしたときに、同業種がつられて株価が下がること。ツレ安した銘柄自体に下げる要素がなければ、元まで上がる可能性が高いと言えます。「ツレ安」の反対用語に、ある銘柄の値上がりに対して、同業種の他銘柄も値上がりする「ツレ高」があります。

投資で勝つには実は資金管理がポイント

【売買ルールと資金管理の関係】

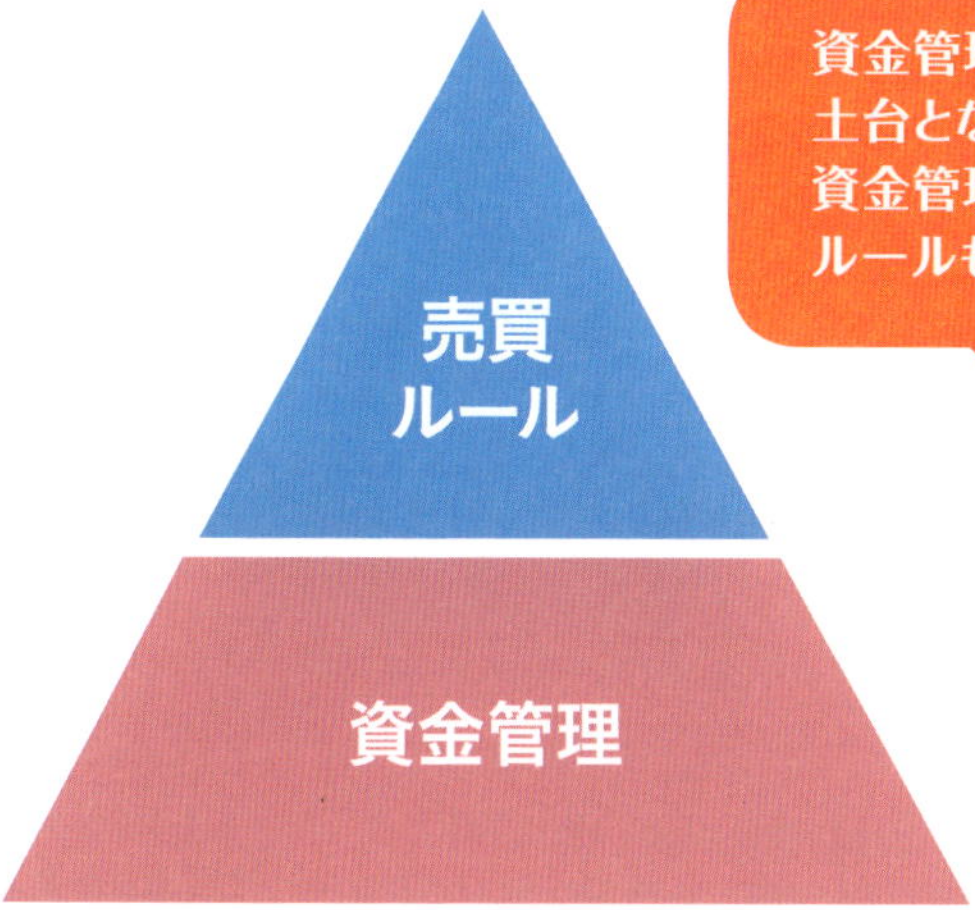
売買
ルール
資金管理

資金管理は売買ルールの
土台となるもの。
資金管理がくずれたら、
ルールも守れなくなるのじゃ!

資金管理の掟

◎ 売買をはじめる前に資金管理をして、いくら使っていいのかを決めること（→ P.128）

◎ 資金管理で決めた投資金額や銘柄数は、途中でむやみに変えない

◎ 運用資金は借金をしてまで用意しない

資

資金管理のルール❶

いくら買うか決める

最低50万の余裕資金を準備

資金管理のひとつ目、「運用資金の目安」を見ていきましょう。

みなさんもご存じのように、日本の株はほとんどが、100株ないし1000株という単位で売買されています。束で買うということを考えれば、ある程度まとまった資金が必要になります。**最低でも50万円～100万円の投資資金を準備**してトレードをスタートしましょう。

基本的なことですが、投資は生活費とは別に準備できる余裕資金で行ないます。くれぐれも、「ひと月分の給料全部」とか「ボーナス全額」をつぎ込まないでください。

資金の上限額は年齢によってちがう

では、お金に余裕がある人は、いくらでも投資していいでしょうか？ 答えは「NO！」です。ある程度資産がある人は、運用資金に上限を設けて資産を守りましょう。

株はリスクのある商品です。若い人ならば株で多少損をしても、仕事でお金を稼いでまた資金を作る時間があるでしょう。しかし、年齢が高くなるほど資金を持ち直す機会は少なくなります。そこで、**運用資金の上限として「100－年齢＝投資に回せるお金の割合」**という式を参考にしてください。例えば、30歳なら70％、60歳なら40％が資産から運用資金に回しても良い上限です。

用語解説　【余裕資金】

貯金の中でも「当面使う予定のないお金」を指します。さらに運用資金にあてた場合、損をしても生活に影響を及ぼさず、精神的にも許容できる範囲の資金がベスト。一般的に、余裕資金以外にいざというときの生活防衛費として、会社員ならばひと月の生活費×6ヵ月分、自営業ならばひと月の生活費×1年分の貯えが必要とされています。

運用資金の目安を出す

【最少額】

50万〜100万円は最低でも必要！

【最大額】

計算式で上限を出す

100－年齢＝●％

自分の預貯金の中で、投資に回す額の上限

生活費とは別で、余裕資金を用意しよう!

【最大額の計算例】

例1　30歳、貯金200万円の A さんの場合

100－30＝70％

（30：年齢）

200万円 ×70％＝140万円

（200万円：貯金）

Aさんの資金の上限

例2　60歳、貯金2000万円の B さんの場合

100－60＝40％

（60：年齢）

2000万円 ×40％＝800万円

（2000万円：貯金）

Bさんの資金の上限

Point

- 株はリスクある商品。年齢を重ねるごとに損失を補てんするチャンスも少なくなるので、運用資金の最大額も少なくなる

資金は役割別に3つに分ける

運用資金が決まったら、資金を分配し「何にいくら使うか」を決めます。投資用の資金だからといって、全額株の購入にあてるのはやめましょう。

株価の上がり下がりに対して、どんな局面でも手が打てるよう、資金の使い方は余裕を持たせることが重要です。

そこで、資金を次のような3つの役割で分けることをおすすめします。

①初期エントリー費用
②ナンピン費用
③使用しない資金

この3つの資金の割合は、ほぼ3等分にするイメージで、①と②は資金全体の35％ずつを上限とし、③は資金全体の約30％と設定します。

使用しない資金を必ず残す

では、それぞれの資金の役割を順番に見ていきましょう。

まず①は、**最初のエントリーに使う資金**です。仮に資金全体が100万円だとしたら35万円ですね。

次に②は、**値下がりしたときの対策（買い増し）用の資金**です。これも全体資金の約3割を使います。

2つの資金の合計は、最大でも70％までに抑えることがポイントです。そして、残りの3割は③の「使用しない資金」として取っておきます。その理由は、用意した資金全額で取引を行なうと、日々の値動きが気になりメンタルがぶれる恐れがあるからです。**3割残すことで、メンタルに余裕を持たせる**ことができます。

用語解説　**【ミニ株】**

売買単元株数の10分の1の株数で売り買いできる株のこと。「株式ミニ投資」とも。例えば単元株数が1000株の銘柄なら、100株から取引が可能になります。通常の単元株と同様に、持ち株に応じて配当金がもらえます。少ない資金でも売買できるが、取り扱いがある証券会社や銘柄は限られています。

資金はすみ分けして考える

【運用資金の割合】

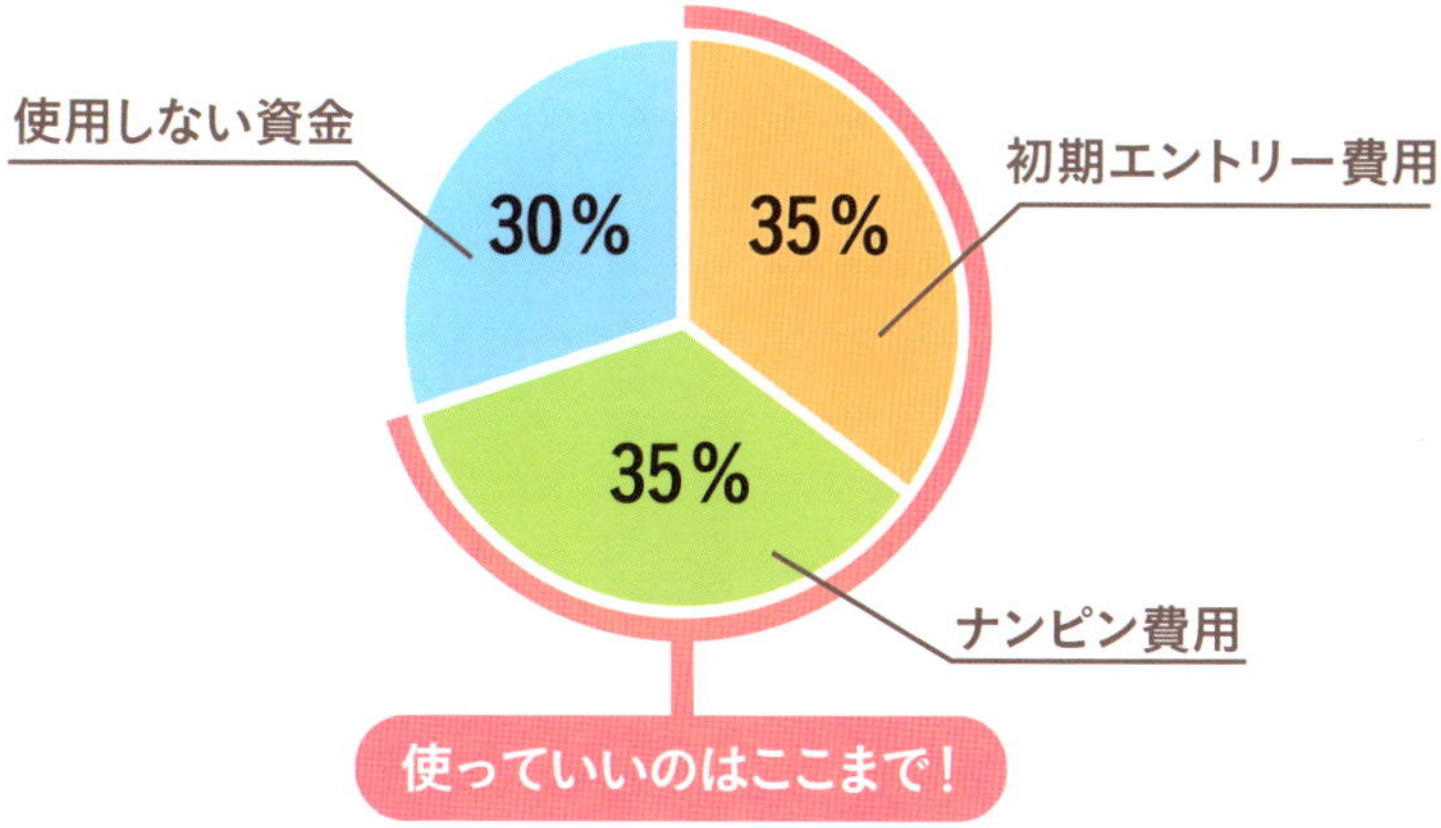

使用しない資金
30%
35%
初期エントリー費用
35%
ナンピン費用
使ってていいのはここまで！

- 株価が下がることを想定したうえで売買する
- 下がったときに、もう一度売買できる余力を残す
- 全額をつぎこまないことで、精神的に楽な取引が可能に！

例 P.129 Aさんの場合

運用資金の総額は140万円とすると…

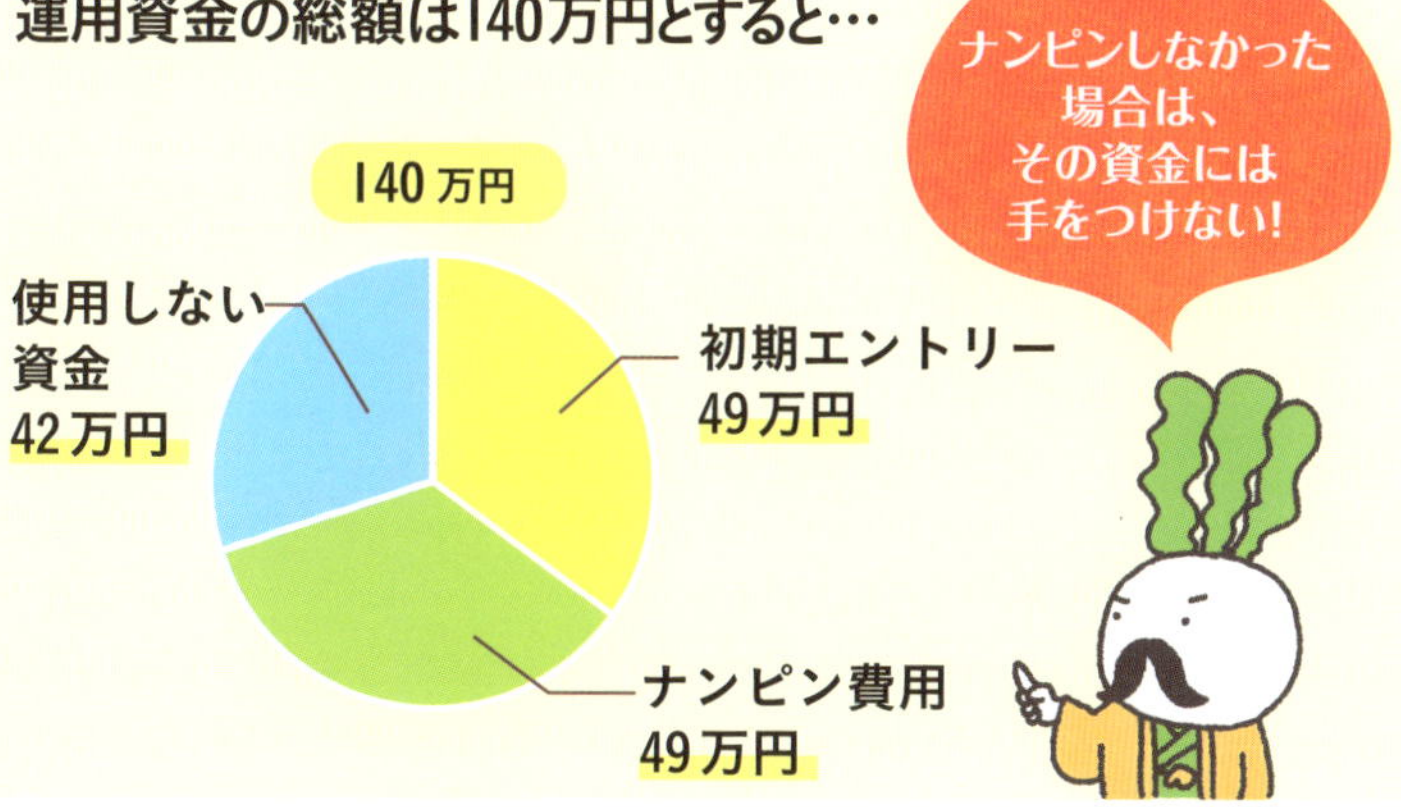

ナンピンしなかった場合は、その資金には手をつけない！
140万円
使用しない資金 42万円
初期エントリー 49万円
ナンピン費用 49万円

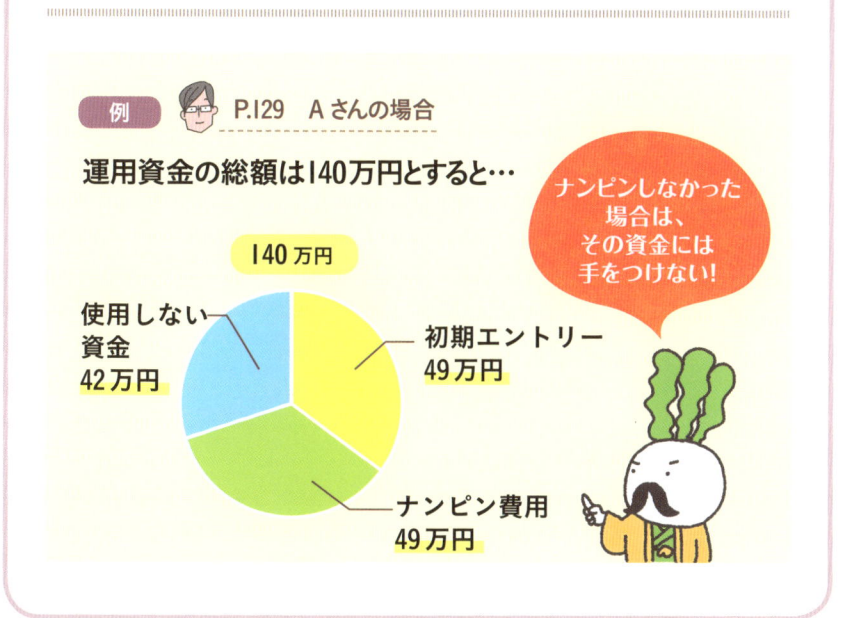

資

資金管理のルール②

銘柄数を決める

銘柄数が決まれば予算が決まる

株を購入するときは、必ず分散投資をしましょう。まず、トレードに入る前に、分散する銘柄数を決めます。**銘柄数を決めれば、おのずと1銘柄あたりにかけられる予算が決まります。**

例えば、運用資金が100万円あり、A社とB社の2つの銘柄に分散しようとすれば、単純に考えてA社に使えるお金は50万円、B社に使えるお金は50万円となります。この50万円を、131ページの3つの資金に分けましょう。すると、A社、B社とも初期エントリー費用（35％）は、17万5000円、ナンピン費用（35％）も17万5000円、そして使わない資金（30％）が15万円となります。これが現状の資金で購入可能な株の予算になります。

資金に応じて銘柄数が決まる

初期エントリー資金が17万5000円ということは、これ以上高い株は買えません。この予算に合わせて自分が買える銘柄がおのずと絞り込まれるというわけです。

分散する銘柄数は、資金によって違います。左ページに銘柄数の目安をあげてみました。301万円以上資金がある人は、あまり銘柄数を増やしすぎると管理が大変になります。資金が多くても分散する銘柄数は最大10銘柄までとし、1銘柄あたりの購入株数を増やしましょう。

用語解説 【分散投資】

投資の対象を分散することで、価格の下落による損失のリスクを軽減する投資方法。例えば、すべての資金を1つの銘柄に投資すると、その銘柄が下落すれば確実に損が出ます。複数の銘柄に分散投資すれば、下がる銘柄もあれば上がる銘柄もあるため大きく損をするリスクが回避できるメリットがあります。ナンピンも時間を分けた分散投資のひとつ。

最初に銘柄数を決める

【資金管理の優先順位】

❶ **銘柄数を決める**（何銘柄買うか）

↓

❷ **金額の上限を決める**（いくら使うか）

↓

❸ **金額に応じて買える株数が決まる**（何株買えるか）

資金に応じて、銘柄や購入額に上限を設けて資金管理する！

【資金に応じた銘柄数の目安】

資金	銘柄数
50万～100万円	2銘柄
101万～200万円	3～4銘柄
201万～300万円	5～6銘柄
301万円以上	同じルールで2銘柄ずつ増やす

1銘柄のみだとリカバーできないのでNG

最大で10銘柄まで

銘柄数が多くなって管理が大変だったら、1銘柄あたりの単価を上げよう！

分散投資のメリットは？

株式投資の典型的な失敗例のひとつに、魅力的な銘柄を見つけると、その銘柄1点に集中投資をして、大きく損失を出してしまうパターンがあります。

例えば、仮に200万円でエントリーした場合、株価が10％下落しただけでも20万円の損が出てしまいます。これは大きな痛手です。しかし、あらかじめ200万円を4銘柄に分散投資して、1銘柄あたり最大でも35万円しか使わないようにした場合はどうなるでしょうか？

ひとつの銘柄の株価が10％下落したとしても、損失は3万5000円で済みます。さらに、残りの150万円の70％を他の3銘柄に35万円ずつ分散しておき、それぞれが5％上昇したところで利食いできたとすればどうなるでしょう？

105万円×5％＝5万2500円の利益が出ます。利益から損失を差し引いてもトータルで1万7500円プラスです。

つまり、複数の銘柄に資金分散すれば、1銘柄が大きく崩れてもトータルで利益につなげることができるのです。

銘柄数を厳守しできるだけ均等に買う

分散投資で大事なのは、最初に決めた銘柄数を絶対に崩さないことです。うまくいっているからといって、途中で銘柄数を増やすと、下げたときのナンピン費用がなくなります。

また、分散した銘柄の予算はできるだけ均等にしたほうがリスクの分散効果は高くなります。勝手な思い込みで、1銘柄だけ多めに買ったりするのはやめましょう。多く買った株が下がれば損を増やすだけです。

用語解説　【るいとう】

「株式累積投資」の通称。毎月１万円以上の少額で選んだ銘柄に積み立て投資できる商品。一度にまとまった資金が用意できない場合でも、中・長期的に投資できるメリットがあります。配当金も、持ち株に応じてもらうことができます。証券会社が設定している銘柄が対象で、手数料が割高というデメリットがあります。

投資金は均等に分ける

運用金200万円のAさんの場合

200万

A社	B社	C社	D社
50万	50万	50万	50万

この銘柄数は崩さない！

（内訳）
- 初期エントリー：17万5000円
- ナンピン費用：17万5000円
- 使用しない資金：15万円

（内訳）
- 初期エントリー：17万5000円
- ナンピン費用：17万5000円
- 使用しない資金：15万円

（内訳）
- 初期エントリー：17万5000円
- ナンピン費用：17万5000円
- 使用しない資金：15万円

（内訳）
- 初期エントリー：17万5000円
- ナンピン費用：17万5000円
- 使用しない資金：15万円

野球やサッカーでもスタメンは決まっておるじゃろ？

4社と決めたら、銘柄数は増やさない！増やしたら、その分ナンピン費用が減っていることになる！

資

信用取引

信用取引を使う場合

メリットとデメリットを知ろう

現物株のトレードに慣れてきたら、信用取引を使ってもかまいません。

信用取引では、証券会社に一定の保証金（委託保証金）を差し入れると、およそ3倍の金額まで資金が使えるようになります。つまり、運用資金を100万円用意して、証券会社の信用取引口座に入金すると、約300万円の資金が追加で使えるようになります。つまり、合計で400万円まで投資できるようになるのです。

このように**信用取引のメリットは、自己資金が少なくても、大きく投資できることです。**ただし、当然ながらデメリットもあります。それは信用取引の資金は証券会社から借りたお金で、決まった期間内に資金を返却しなければなりません。また、もっとも大きなリスクは追証の発生です。

信用取引こそ資金管理が大事

信用取引で購入した株に含み損が発生すると担保としての価値が目減りし、保証金の上乗せを求められます。

追証を避けるには、資金管理をしっかりやることが大事です。現物株の資金管理と同じく、資金全体のうち実際に使うのは70％までとします。つまり現物＋信用の枠が400万円なら、使う資金は7割の280万円までです。さらに信用だけで取引せず、現物70万、信用210万と分けてエントリーします。

用語解説　【追証】

追加保証金のこと。信用取引で取得した銘柄の株価が下落して含み損が発生し、株価が証券会社の定める「委託保証金最低維持率」を下回った場合は、保証金を追加しなければなりません。追証が発生すると指定日までに保証金として現金を入金するか、ポジションを決済して追証を解消しなければなりません。

信用取引の資金管理

【信用取引口座の資金の考え方】

1 : 3 = 4

現物取引　信用取引口座　資金総額

信用取引の資金は 4 の倍数と考える

運用金100万円の A さんの場合

100万円 ＋300万円 ＝400万円

現物取引　信用取引　資金総額

4の倍数なので
<100万円 +100万円 +100万円 >=300万円

【信用取引のときの資金のすみ分け】

100万円
現物取引

(内訳)
・初期エントリー：35 万円
・ナンピン費用　：35 万円
・使わない資金：30 万円
→ 70万円（使っていい額）

100万円
信用取引

(内訳)
・初期エントリー：35 万円
・ナンピン費用　：35 万円
・使わない資金：30 万円
→ 70万円（使っていい額）

100万円
信用取引

(内訳)
・初期エントリー：35 万円
・ナンピン費用　：35 万円
・使わない資金：30 万円
→ 70万円（使っていい額）

100万円
信用取引

(内訳)
・初期エントリー：35 万円
・ナンピン費用　：35 万円
・使わない資金：30 万円
→ 70万円（使っていい額）

70万円 ×4
＝280万円

↑ 使っていい資金の総額

銘柄数は4の倍数で分散

信用取引の資金管理は、現物取引の資金管理とひとつ違う点があります。それは、銘柄数の決め方です。

信用取引では、自分のお金と証券会社から借りるお金が1：3の割合になります。そこで、**各銘柄に均等に分散投資するには、4の倍数で銘柄数を決めると銘柄管理がしやすくなります。**

例えば、現物資金100万円に対して、信用取引の資金が300万円あるとします。信用取引の資金を100万円ずつに分けると、現物と合わせて100万円が4本あると考えられます。各資金を「初期エントリー」「ナンピン費用」「使わない資金」に分けて、70％しか使わないよう管理すれば、余裕のあるトレードができます。

信用取引を行う場合の銘柄数

信用取引では、4の倍数で銘柄数を決める

【信用取引を使ったときの銘柄数の目安】

現物資金	銘柄数
50万～100万円	4銘柄
101万～200万円	8銘柄
201万～300万円	12銘柄

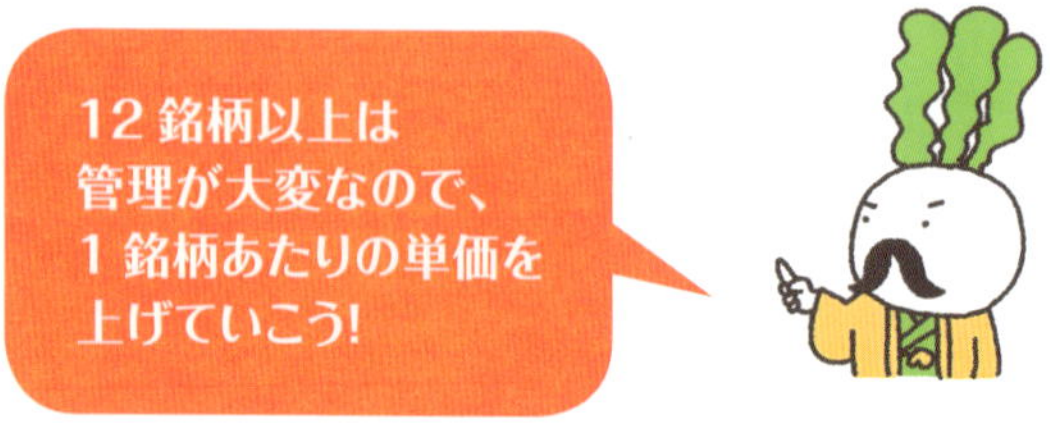
12銘柄以上は
管理が大変なので、
1銘柄あたりの単価を
上げていこう!

Q&A こんなときどうする？ 資金管理の疑問にお答えします

Q1 すごく良さそうな株を発見！ 使用しない資金を使ってもいい？

A 「使用しない資金」を使ってはいけません

現在保有している銘柄以外に良い株を見つけたとき、買いたくなることはよくあります。だからと言って、「使用しない資金」を使って銘柄を増やしてはいけません。資金を全額使ってしまうと、気持ちに余裕がなくなりメンタルがぶれます。これは資金管理で失敗しがちなポイントです。

最初に決めた銘柄数の枠を絶対に守りましょう。**良い銘柄が見つかっても、今持っている銘柄のどれかを卒業させるまでは、追加で購入してはいけません。**

あるいは、100万円の元手がトレードで増え、200万、300万とステップアップしたというときは、2銘柄から4銘柄、6銘柄と増やしてかまいません。逆にトレードで元手が減ってしまったときは、資金に応じて銘柄数を減らします。

資金管理を始めたら、資金の範囲内でトレードするのが鉄則です。ルールを破ればそれだけ損をするリスクは高くなります。

株式投資は自分の欲との闘いです。自分で決めたルールをちゃんと守れるかどうかで、勝つか負けるかが決まります。

Point

- 「使用しない資金」を使ってしまうと、気持ちに余裕がなくなりメンタルがぶれやすくなる
- 最初に決めた銘柄数と資金管理ルールは必ず守ろう

Q2

A社の株は上がるはず！ A社を多めに買ってもいいの？

A 分散投資はできるだけ均等にしましょう

本書の中で「卵はひとつのカゴに盛るな」という格言を紹介しましたが（25ページ）、分散投資は集中投資で大きな損失を出すのを回避する投資方法です。

分散して投資した銘柄の中には上がるものもあれば、下がるものもあります。それを総合してトータル・リターンでプラスに持っていくことを目指しています。この場合、**分散する銘柄を購入する資金は、できる限り均等であるほうが、リスクも低減できます。**

例えば、A社、B社、C社の3つの銘柄に分散投資するとき、A社が有望だと思ってA社だけ多く買い、B社C社を少なめに買ったとします。思惑通りにA社が値上がりすればいいですが、そううまくいくとは限りません。多めに持っているA社の株が下がったときは、損失が大きくなります。少なめに買ったB社、C社が値上がりしても利益が少なく、A社の株が出した損失をカバーできないかもしれません。

例え、ファンダメンタルズ分析でA社が飛びぬけてよい会社だと感じても、株価はいつ上がるかわかりません。なぜなら、株価は自分が決めるものではなく、相場が決めるものだからです。A社の株をたくさん買う人がいなければ上がりません。

「値上がりする自信がある」という勝手な思い込みで、特定の銘柄だけ多く買うのはやめましょう。せっかくの分散投資のメリットが十分に活かせなくなります。

どんなに魅力的な株でも、ぐっとこらえて均等を心がけるのじゃ!

Point

- 分散投資では、できるだけ資金を均等にしたほうが、リスク分散効果が高くなる
- 勝手な思い込みで、特定の銘柄だけ多く買うと、分散投資のメリットが活用しにくくなる

Q3

株価が高くて初期エントリーの資金を超えてしまいます

A 分散資金を2枠分使って購入する手もアリ

分散投資をするときは、基本的に各銘柄に均等に資金を割り振ったほうがリスクを低く抑えられます。

ただし、どうしても予算をオーバーする銘柄にエントリーしたいという場合は、**分散資金を2枠分使って購入するという方法もあります。**

例えば、運用資金が200万円ある場合を例に考えてみましょう。

資金が200万円の場合は、3～4銘柄に資金を分散して投資するのが理想です。しかし、株価が高い銘柄を購入したい場合は、そのうち2枠分を1枠として資金の配分を考えます。

左ページの図を見てください。

資金管理のルール（135ページ）通り、200万円を4銘柄で分散する場合は、各銘柄の資金は均等に50万円になります。

1枠分が50万円ある資金のうち、初期エントリーで使える費用は17万5000円ですが、エントリーに30万円必要な株を買いたいとします。そこで4枠あるうちの、2つを合算してみましょう。

こうすると、基本の分配方法では、株価が17万5000円までのものしか買えないのに対し、2枠分使うことで35万円までの株を購入することができます。

ただし、2枠使う方法にはデメリットもあります。**リスクの分散ができず、値下がりしてロスカットルールにぶつかった場合は、大きな損失を出す恐れがあります。**

Point

- 均等に分散せず、分散資金を2枠分使って購入する方法もある
- 分散が少なくなるため、ロスカットのとき損失が大きくなりやすいデメリットがある

高額な株を買いたい場合

資金200万円の A さんが30万円の銘柄❸を買いたい場合

200万円

50万円	50万円	50万円	50万円
（内訳） ・初期エントリー：17万5000円 ・ナンピン費用：17万5000円 ・使わない資金：15万円	（内訳） ・初期エントリー：17万5000円 ・ナンピン費用：17万5000円 ・使わない資金：15万円	（内訳） ・初期エントリー：17万5000円 ・ナンピン費用：17万5000円 ・使わない資金：15万円	（内訳） ・初期エントリー：17万5000円 ・ナンピン費用：17万5000円 ・使わない資金：15万円

銘柄2枠分の資金を使う

200万円

銘柄❶ 50万円	銘柄❷ 50万円	銘柄❸ 100万円
（内訳） ・初期エントリー：17万5000円 ・ナンピン費用：17万5000円 ・使わない資金：15万円	（内訳） ・初期エントリー：17万5000円 ・ナンピン費用：17万5000円 ・使わない資金：15万円	（内訳） ・初期エントリー：35万円 ・ナンピン費用：35万円 ・使わない資金：30万円

デメリット

リスクの分散があまりできなくなるため、値下がりしてロスカットしたときに、損失が大きい

Q4 分散して購入した銘柄がすべて下がってしまったらどうする？

A ストーリー変化がなければ保有し続けてもかまいません

本書で紹介しているファンダメンタルズ分析できちんと銘柄を選んでいれば、分散投資したすべての銘柄が値下がりしてしまう可能性はたいへん低くなります。

もし、そのような事態が起こるとしたら、大震災や金融危機など外的な要因であることがほとんどでしょう。

基本的にどんな事態であっても、売買ルールと資金管理を守って、取引を行います。すべての銘柄について、初期エントリー後10％～15％株価が下がったら、あらかじめ用意していた資金でナンピンを行います。ナンピン後も下げが止まらず、さらに10％～15％の含み損を抱えてしまったときは、ロスカットします。

ただし、このような事態になっても、株価を下げている要因が、その会社の業績の下方修正や減配、悪決算、不祥事などでない限りは、ロスカットせずに保有し続けても問題はありません。

保有するすべての銘柄が値下がりしたときは、まず各銘柄について、値下がりの原因を精査しましょう。そのうえで、会社に関する悪いニュースによって下げた銘柄があればロスカットし、会社のストーリーに変化がない銘柄は残してもいいでしょう。

株価の値下がりには、必ず原因があるはずじゃ!

Point

- 各銘柄について、値下がりの原因をしっかり調べる
- 値下がりの原因が、その会社のストーリーの変化によるものでなければ、引き続き保有しても問題はない

株神の資金管理術 まとめ

□ 資金管理の上に売買ルールが成り立つ

資金管理が崩れるとメンタルがぶれやすくなり、売買ルールを破って無謀なトレードに走りやすくなる。資金管理をしっかりやることで自己規律が保たれる。

□ 運用金の上限は「100ー年齢」の方程式で

資産をたくさん持っていても、全額投資につぎ込んではいけない。貯金の何％を運用資金に使うのが妥当かは「100－自分の年齢＝％」で割り出そう。

□ 運用金は３種類に分けて考える

各銘柄に割り振る資金は「初期エントリー費用」「ナンピン費用」「使用しない資金」の３分割にする。資金全体の７割で投資し、３割残すことで心に余裕ができる。

□ 運用金の上限より購入する銘柄数を先に決める

運用資金の金額を決めたら、まず投資する銘柄数を決めよう。銘柄数が決まれば、１銘柄に使える予算が決まる。先に株を決めると予算内で買えなくなることがある。

□ 各銘柄均等に投資する

分散投資は、各銘柄の上がり下がりを平均化してトータルでリターンを得るのが狙い。そのため各銘柄ともほぼ同じ金額になるよう投資したほうがリスクは低くなる。

□ 信用取引を使う場合は４の倍数で考える

信用取引では現物取引の約３倍の資金が使えるようになる。現物１＋信用３＝４となることから、資金に応じて銘柄数を４の倍数で増やしたほうが管理しやすい。

□ 株価が高額なら２枠分使うのもアリ

株価が高く初期エントリー費用の上限を超える場合は、本来の銘柄数の２枠分を使う手もある。ただし、値下がりしたときは、損失が大きくなりやすいので要注意。

まだまだある！ 株式投資で注意すべきコト

① 決算またぎに要注意

上場している企業は年に4回決算発表を迎えます。

具体的には第1四半期〜第3四半期の途中経過と1年間の締めくくりである本決算です。

株価はこの決算発表を機に乱高下*することが多々あり、**好決算を発表した銘柄は上昇、悪決算を発表した銘柄は下落する**という展開になりやすいのです。

またこの決算発表でどういう数字が出てくるのかを個人投資家が予想するのは非常に難しく、悪決算と同時に下方修正や減配も発表されて連日ストップ安ということもあり、そのような銘柄を保有していて痛い目に遭ったという方も、中にはいらっしゃるかもしれません。

そこでこの決算発表の乱高下リスクから逃れる方法として、個人投資家が出来ることは、決算発表前に手仕舞いして難を逃れるというのがひとつの手です。

しかしこれは逆に好決算を発表した銘柄の場合、決算を機に大きく株価が上昇していくのを悔しい気持ちでただただ呆然と眺めるだけになってしまいます。

そのため、もうひとつの策としてはIR企業が発表するIRに目を通し、IRに積極的な企業であれば、「月次の売上高」などをチェックしてみることでおおよその結果が見えてきたりします。

逐一ディスクローズ（発表）しているところもあります。

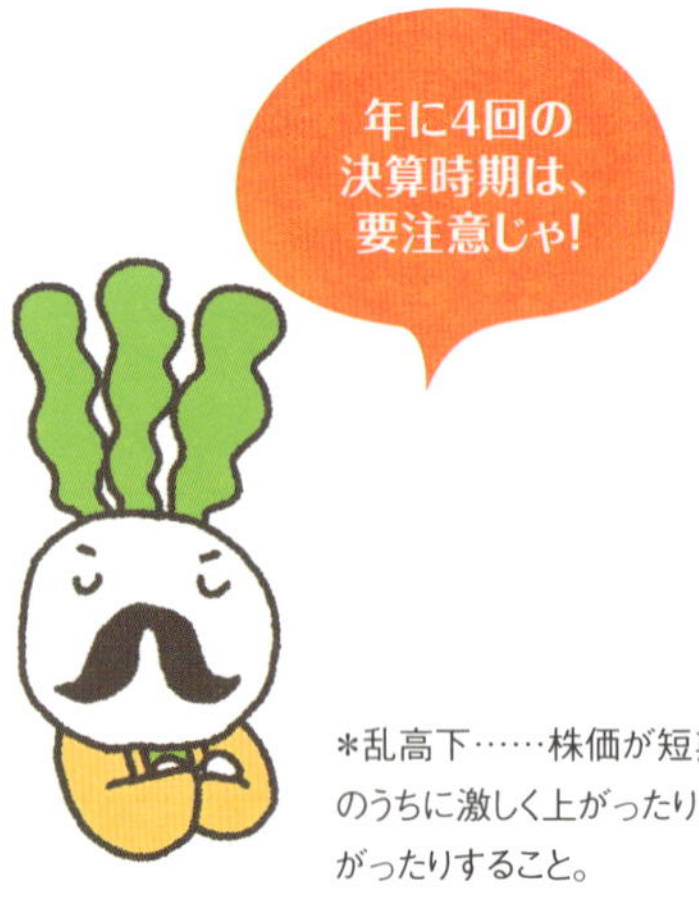
年に4回の決算時期は、要注意じゃ!

*乱高下……株価が短期間のうちに激しく上がったり、下がったりすること。

企業が発表する月次売上高をチェックしよう

右はドンキホーテHD【7532】平成28年7―12月期の月次販売高です。一般的には既存店売上高が見られることが多いですが、ドンキホーテの場合、既存店ベースでも全店ベースでもこの7―12月期は総じて前年同月比を上回る水準で着地となっていることが分かります。

そして、このあとに発表された平成28年第2四半期決算（7―12月期決算）では、売上高が前年同期比12.3％増で着地という結果になりました。

このようにIR情報から月次の売上高をチェックすることで、その企業が堅調な決算が出てくるのか否かを、ある程度予測することが可能となります。

ドンキホーテ HLDGS

2016年1月8日

各　位

会　社　名　株式会社ドンキホーテホールディングス
代　表　者　名　代表取締役社長兼CEO　大原 孝治
コ ー ド 番 号　7532 東京証券取引所市場第一部
本 社 所 在 地　東京都目黒区青葉台2-19-10
情報開示責任者　専務取締役兼CFO　高橋 光夫
電 話 番 号　03-5725-7588(直通)

月次販売高状況のお知らせ

2016（平成28）年6月期における株式会社ドン・キホーテの月次販売高状況(速報)は、以下の実績になりましたので、お知らせいたします。

	全店		既存店				土日休日増減数
	売上高	店舗数	売上高	客数	客単価	店舗数	
7月	118.5%	245店	108.1%	102.0%	106.0%	207店	±0日
8月	117.3%	245店	107.3%	101.7%	105.5%	209店	±0日
9月	114.3%	245店	105.3%	99.1%	106.3%	212店	+1日
10月	117.8%	246店	106.8%	102.8%	103.9%	214店	+1日
11月	111.1%	247店	102.4%	98.2%	104.3%	216店	−1日
12月	110.8%	250店	102.5%	100.0%	102.6%	218店	±0日
上半期	%	店	%	%	%	店	+1日
1月	%	店	%	%	%	店	+1日
2月	%	店	%	%	%	店	+1日
3月	%	店	%	%	%	店	±0日
4月	%	店	%	%	%	店	+1日
5月	%	店	%	%	%	店	−1日
6月	%	店	%	%	%	店	±0日
下半期	%	店	%	%	%	店	+2日
通期	114.3%	250店	105.3%	100.7%	104.6%	218店	+1日
(参考)前期	112.3%	242店	104.6%	101.9%	102.7%	208店	+1日

（注）1：実績数値は前年同月比、または同期間比及び対象店舗数を表しております。
2：既存店の対象は、オープン月から13ヵ月目からとしております。
3：12月度は新規出店4店（グループ合計6店）の一方で、11月度中に閉鎖1店を実施しました。
4：当月は12月として統計開始以来最も「高温・多雨」となる天候不順が続いたことから、暖房器具や冬物衣料などの季節商品の販売は苦戦しました。
その一方で、食品や日用消耗品などの生活必需品は、当月もお客さま支持が拡大し、併せてインバウンド消費がますます増加していることから、好調な販売実績となりました。

以　上

ドンキホーテホールディングス【7532】が発表した平成28年7－12月期の月次販売高

平成28年6月期 第2四半期決算短信〔日本基準〕(連結)

平成28年2月5日

上場会社名　株式会社ドンキホーテホールディングス　上場取引所　東
コード番号　7532　URL http://www.donki-hd.co.jp
代表者　(役職名) 代表取締役社長　(氏名) 大原 孝治
問合せ先責任者　(役職名) 専務取締役　(氏名) 高橋 光夫　TEL 03-5725-7588
四半期報告書提出予定日　平成28年2月12日　配当支払開始予定日　平成28年3月24日
四半期決算補足説明資料作成の有無：有
四半期決算説明会開催の有無：有（機関投資家・アナリスト・金融機関向け）

(百万円未満四捨五入)

1. 平成28年6月期第2四半期の連結業績(平成27年7月1日～平成27年12月31日)

(1) 連結経営成績(累計)　(%表示は、対前年同四半期増減率)

	売上高		営業利益		経常利益		親会社株主に帰属する四半期純利益	
	百万円	%	百万円	%	百万円	%	百万円	%
28年6月期第2四半期	384,445	12.3	25,571	9.2	25,873	7.6	14,232	3.9
27年6月期第2四半期	342,224	12.8	23,411	14.2	24,044	13.8	13,694	5.1

(注)包括利益　28年6月期第2四半期　16,185百万円（△3.7%）　27年6月期第2四半期　16,811百万円（18.0%）

	1株当たり四半期純利益	潜在株式調整後1株当たり四半期純利益
	円 銭	円 銭
28年6月期第2四半期	90.05	89.97
27年6月期第2四半期	87.21	86.87

(注) 当社は、平成27年7月1日付で普通株式1株につき2株の株式分割を行っております。前連結会計年度の期首に当該株式分割が行われたと仮定して、「1株当たり四半期純利益」及び「潜在株式調整後1株当たり四半期純利益」を算定しております。

(2) 連結財政状態

	総資産	純資産	自己資本比率
	百万円	百万円	%
28年6月期第2四半期	580,400	234,971	40.0
27年6月期	505,666	221,387	42.0

(参考)自己資本　28年6月期第2四半期　224,244百万円　27年6月期　212,341百万円

2. 配当の状況

	年間配当金				
	第1四半期末	第2四半期末	第3四半期末	期末	合計
	円 銭	円 銭	円 銭	円 銭	円 銭
27年6月期	—	10.00	—	30.00	40.00
28年6月期	—	5.00			
28年6月期(予想)			—	15.00	20.00

(注)直近に公表されている配当予想からの修正の有無：無

(注) 当社は、平成27年7月1日付で普通株式1株につき2株の株式分割を行っております。平成27年6月期については当該株式分割前の実際の配当金の額を記載しております。

3. 平成28年6月期の連結業績予想(平成27年7月1日～平成28年6月30日)

(%表示は、対前期増減率)

	売上高		営業利益		経常利益		親会社株主に帰属する当期純利益		1株当たり当期純利益
	百万円	%	百万円	%	百万円	%	百万円	%	円 銭
通期	750,000	9.7	41,000	4.9	41,500	3.3	23,400	1.1	148.00

(注)直近に公表されている業績予想からの修正の有無：有

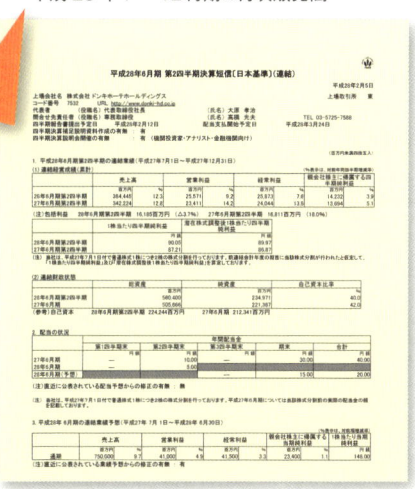

上方修正の可能性を事前に予想する

特に月次の売上高を公表してくれる業種は小売業などが多いため、自分がエントリーした銘柄が小売業であれば、ぜひ月次の売上高をチェックしてみてください。決算発表前に保有したままにするのか、手仕舞いするのかの判断材料になります。

また第1四半期～第3四半期の途中経過の通期予想に対する進捗率を見ることで、業績の修正がありそうかどうかも予測することが可能です。

例えば、通期で100億円稼ぐ見込みの企業の場合、四半期ごとに25億円ずつ積み上げていけば100億円達成となります。

しかし、中間決算の第2四半期時点で、本来であれば50億円の着地であるのに、仮に70億円達成していたりすると下期で**上方修正が発表される**可能性が見えており、上方修正の発表を狙って事前に仕込むという手もあります。

上方修正が発表されることでそれを契機に翌日から大幅高するという展開もあります。

「稼ぎ時」が偏る企業もある

しかし、これも銘柄によって気をつけなければならないのが**「利益偏重型企業」**です。

もっと分かりやすく言えば、季節によって「稼ぎ時」がある企業のことです。

例えばアイスクリームを作っているような企業の場合、夏場と冬場どちらが売上が上がると思いますか。

当然、夏場ですね。そうなると夏場に大きく稼いで、その貯金で残りの9か月間をしのぐというような企業もあります。

あとは建設などのゼネコンも同じく、1―3月期が公共投資の受注が多いため、ここでの収益がその他の四半期と比較しても大きくなる傾向があります。

売上高に偏りがある企業もあるんじゃ

【例えば……季節商品を扱う企業ゼネコンなど】

例えば……
ゼネコン
季節商品を扱う企業

そうした例もあるため、必ず通期見通しで100億円稼ぐ企業が四半期ごとに25億円ずつ稼ぐというわけでもないのです。

また、もうひとつ言えることは「受注の期ずれ」と言って、本来下期で計上する予定だった利益が前倒しとなり、第2四半期時点で通期予想に対して進捗率が70％を達成していたりする企業もあります。

その場合、**本来下期で計上する利益を前倒ししただけですので、年間で見れば利益が膨らんだわけではありません。**このような銘柄は上方修正の期待は薄くなります。

これに関しては決算短信の2ページ目以降の「経営成績に関する説明」または「業績予想などの将来予測情報に関する説明」の箇所に詳細が書かれていることが多いです。

このように企業が発表するIRにはいろいろとその企業が投資先としての価値があるかどうか判断できる材料が散りばめられていますのでぜひチェックしてみてください。

計上期のずれで、売り上げが上がって見えていることもあるのね……
気になるときには、決算短信の2ページ目以降も読み込もう！

② 本決算の場合は特に注意！

第1四半期〜第3四半期の途中経過から、今期の見通しをある程度予測していくことはできる場合もありますが、厄介なのが本決算の発表です。

途中経過の決算発表と本決算の大きな違いは、本決算は1年間の業績の結果報告と併せて、多くの企業が次期予想を発表してくること。

また、この本決算のときに企業が発表する次期予想こそ事前に予想することが非常に難しいものなのです。この次期予想が今回発表した1年間の着地に対して悪化したり、伸び率が鈍化したりすると、これを契機に株価が大きく下落することが少なくありません。

そのため、本決算のときだけは事前に保有している銘柄の決算発表日をチェックしておいて、発表前までには完全に手仕舞いしたり、少し保有している株数を減らすなどして決算を迎えるのが得策と言えるでしょう。

本決算発表前に株数を増やすのはギャンブルと同じことです。

平成28年3月期 決算短信〔日本基準〕(連結)

平成28年5月10日

上場会社名　株式会社 タカラトミー　　上場取引所　東
コード番号　7867　URL http://www.takaratomy.co.jp/
代表者　(役職名) 代表取締役社長　(氏名) ハロルド・ジョージ・メイ
問合せ先責任者　(役職名) 取締役常務執行役員連結管理本部長　(氏名) 小島 一洋　TEL 03-5654-1548
定時株主総会開催予定日　平成28年6月24日　配当支払開始予定日　平成28年6月27日
有価証券報告書提出予定日　平成28年6月27日
決算補足説明資料作成の有無　：有
決算説明会開催の有無　：有（機関投資家・アナリスト向け）

(百万円未満切捨て)

1. 平成28年3月期の連結業績(平成27年4月1日〜平成28年3月31日)

(1) 連結経営成績　(%表示は対前期増減率)

	売上高		営業利益		経常利益		親会社株主に帰属する当期純利益	
	百万円	%	百万円	%	百万円	%	百万円	%
28年3月期	163,067	8.8	2,698	9.4	1,459	△27.5	△6,703	—
27年3月期	149,938	△3.1	2,466	△26.0	2,014	△39.0	△1,817	—

(注)包括利益　28年3月期 △10,458百万円 (—%)　27年3月期 5,737百万円 (87.8%)

	1株当たり当期純利益	潜在株式調整後1株当たり当期純利益	自己資本当期純利益率	総資産経常利益率	売上高営業利益率
	円 銭	円 銭	%	%	%
28年3月期	△78.74	—	△15.7	1.0	1.7
27年3月期	△19.91	—	△3.7	1.3	1.6

(参考) 持分法投資損益　28年3月期 8百万円　27年3月期 △23百万円

(2) 連結財政状態

	総資産	純資産	自己資本比率	1株当たり純資産
	百万円	百万円	%	円 銭
28年3月期	145,652	37,824	25.5	432.87
27年3月期	159,638	49,650	30.2	567.91

(参考) 自己資本　28年3月期 37,146百万円　27年3月期 48,191百万円

(3) 連結キャッシュ・フローの状況

	営業活動によるキャッシュ・フロー	投資活動によるキャッシュ・フロー	財務活動によるキャッシュ・フロー	現金及び現金同等物期末残高
	百万円	百万円	百万円	百万円
28年3月期	8,675	△3,974	△6,014	39,902
27年3月期	6,827	△2,428	△10,022	41,972

2. 配当の状況

	年間配当金					配当金総額(合計)	配当性向(連結)	純資産配当率(連結)
	第1四半期末	第2四半期末	第3四半期末	期末	合計			
	円 銭	円 銭	円 銭	円 銭	円 銭	百万円	%	%
27年3月期	—	5.00	—	5.00	10.00	895	—	1.8
28年3月期	—	5.00	—	5.00	10.00	854	—	2.0
29年3月期(予想)	—	5.00	—	5.00	10.00		56.8	

3. 平成29年 3月期の連結業績予想(平成28年 4月 1日〜平成29年 3月31日)

(%表示は、通期は対前期、四半期は対前年同四半期増減率)

	売上高		営業利益		経常利益		親会社株主に帰属する当期純利益		1株当たり当期純利益
	百万円	%	百万円	%	百万円	%	百万円	%	円 銭
第2四半期(累計)	78,000	0.2	1,000	19.2	700	△1.5	200	△23.4	2.35
通期	168,000	3.0	4,000	48.2	3,200	119.2	1,500	—	17.62

株式会社タカラトミー【7867】平成28年3月期決算短信

決算発表予定日については、利用している証券会社のツールやインターネットでも簡単に調べることができますので、自分が保有している銘柄の決算発表日くらいはチェックして事前対策が出来るようにしておきましょう。

③ 為替と株価の関係もチェックしよう！

為替についてここでしっかり理解しておきましょう。

1ドル＝100円が、80円方向に進むことを**円高**と言い、**円の価値が高い状態**を言います。

1ドル＝120円方向に進むことを**円安**と言い、**円の価値が低い状態**を言います。

まず、日本経済で見れば、円高は円の価値が上がっていることを意味します。こうした為替の変動が、株式市場にも影響を与えます。

為替が業績に関わってくるのは、輸出入をするときです。

円安のとき（1ドル＝100円が、1ドル＝120円になるようなとき）は、最終的には決算を円で計算することになるので輸出企業の業績（売上高）は上がることになります。

一方で、輸入を見ると、輸入コストが増えるので、輸入企業には不利になります。

円高のとき（1ドル＝100円が1ドル＝80円になるようなとき）は、輸入コストは抑えることができます。しかし、輸出企業にとっての円高は、売上高減少をもたらします。

このことから一般的に、**円安のときは輸出関連企業の業績は良くなり、輸入関連企業の業績は悪くなります。**

円高のときはこの逆で、輸出関連企業の業績は悪くなり、輸入関連企業の業績は良くなります。

また、日本企業の多くは、海外にモノを売って収益を上げています。自動車をはじめ、電機、精密機器などいわゆる輸出産業が日本経済を支えています。

円安のときは
輸出関連企業が、
円高のときは、
輸入関連企業の
業績が良くなるゾ。

例えば、1ドル＝100円のときに、1万ドルで車をアメリカに買ってもらうとします。

日本企業の決算は円建てで行われますので、1万ドルで車を販売した場合、100万円が売り上げになります。

ではこれが、1ドル＝80円（円高）のときに、1万ドルで車をアメリカに販売した場合、売上としては80万円しか計上することができません。

逆に1ドル＝120円（円安）のときに、1万ドルで車を販売した場合、120万円を売上として計上することが出来ます。

つまり、円安のほうが日本にとってはメリットになることが多いのです。

今や日本株を取り扱うにあたって為替の動向にも注意しなければなりません。

特に海外での売上高比率が高い企業の場合は、それだけこの為替の影響を大きく受けることになります。

企業が業績見通しを出す前提となる想定レートをチェックする

海外での売上高比率の高い企業などの場合は、本決算や途中で業績の修正を行った場合に、業績見通しの前提となる**想定レート**を提示してくれる企業も増えました。

海外展開している企業は先にも述べたように為替の変動が大きく業績に影響します。

そのため、まずは今期業績の見通しの前提となる想定レートというものを、証券会社のエコノミストなどを招いてアドバイスを聞いたうえで決定してから、そのレートに基づいて業績見通しを作ります。

左の図はファナック【6954】の平成28年3月期決算短信（本決算）の一部抜粋ですが、29年3月期業績予想（これが次期予想）を下にある想定レートを前提に予想を出したということを示したものです。この想定レートは「決算短信」に掲載されていたり、決算短信と同時にディスクローズされる「決算説明資料」に掲載されている場合が多いです。

【平成29年3月期通期の連結業績予想】

	金額（百万円）	前年同期比（%）
売上高	505,700	△ 18.9
営業利益	117,300	△ 45.6
経常利益	128,100	△ 44.1
当期純利益	93,700	△ 41.3

（注）平成28年4月1日から平成29年3月31日までの期間における為替レートは、平均105円／ドル、115円／ユーロを想定しております。

この企業が出している想定レートが甘い見通しであったり、厳しい見通しであったりはその企業によってバラバラですが、**実効為替レートと比較してその企業が提示しているレートよりも円安で推移していれば、売上高が増えて上方修正の期待が出てきたりします。**

逆に甘いレートで企業業績を見通している場合は、円高に振れることで下方修正のリスクが台頭することになります。

また、海外の売上高比率が高い企業でも、商圏が北米、あるいは欧州をメインに展開しているところもありますので、必ずしもドル円だけを見れば良いわけではなく、「地域別売上高」をチェックしたうえで、ドル円を意識しなければならないのか、ユーロ円を意識しなければならないのかが変わってきます。

企業によっては想定レートを公開していないところもありますが、その場合は決算短信の上部に記載されているIR室に直接電話して聞いてみるというのも手です。

「電話して大丈夫かな？」なんて気負いする必要はありません。だってあなたは相手企業からしてみれば大事な大事な出資してくれるステークホルダーなのですから。丁寧に対応してくれるはずです。

4 45日ルールの影響も知っておこう

株式市場には「45日ルール」というものがあります。

45日ルールとは、米国市場において、ヘッジファンドとそのファンド会社に依頼している投資家との契約の解約についてのルールです。

ヘッジファンドは投資家のお金を預かって運用していますが、投資家が運用を取り止めてもらい解約する場合は、四半期末から45日までに解約の申請をしなければならないという決まりがあります。

日本の企業は3月決算企業が多いのですが、米国企業は12月決算企業がほとんどです。

そのため決算時期は以下のようになっています。

第1四半期（1―3月）、第2四半期（4―6月）、第3四半期（7―9月）、第4四半期（10―12月）。

ここに先ほどの45日ルールを当てはめると、第1四半期の3月末に解約して返金してもらいたければ、45日前である2月半ばまでに投資家はヘッジファンドに解約の申請をしておかなければ解約が出来ず、次回は6月末まで待たなければならないのです。

解約件数や額が多ければ多いほど、ヘッジファンドサイドのフローとして生まれてくるのが、投資家たちから集めた資金で買った株や債券を市場で売却しなければならないため、**年に4回下げやすい局面が表れる**ということです。

具体的には、第1四半期であれば**2月半ば前後**、第2四半期であれば**5月半ば前後**、第3四半期であれば**8月半ば前後**、第4四半期であれば**11月半ば前後**です。

解約金のボリュームにもよりますので必ずしも年に4回絶対に下落が起こるというわけではありませんが、注意すべき時期であることは間違いありません。

逆に戦略としてこの時期は下げやすいため、優良株も全体相場の流れに押されて下げる局面となります。ここでしっかりと仕込むことができれば、年間のパフォーマンスも大きく変わってくると思います。悲観的に考えずチャンスと捉えて相場に臨むようにしてみてください。

用語集

あ行

【益利回り】

1株あたりの税抜き利益を、株価で割った金額。この金額が高いほど、株価は割安とされる。


【NT倍率】

日経平均株価（Nikkei225）を東証株価指数（TOPIX）で割って求められる倍率。


【押し目買い】

上昇傾向の相場が、一時的に下がるのを待って買うこと。

か行

【株式消却】

株式会社が自社の株式を買い戻し、消却させること。発行株数が減ることで、1株ごとの利益が上がり、株価も上昇させられる。


【株式分割】

株式を分割し、資本金を変えずに発行株数を増やすこと。株数が増え配当金が増える、1株あたりの株価は下がるので小額での売買が可能になるなどのメリットがある。


【株式併合】

複数の株式を1つに統合すること。株数が減り、株価が上がるが、理論上は株式の価値に影響しない。


【空売り比率】

東証が発表する空売り集計で、現実株の実注文と空売りの合計のうち、空売りが占める比率のこと。


【キャッシュフロー】

企業が事業を行うにあたって生じる、現金の流れのこと。


【逆日歩】

空売りで証券会社から株を借りる際に、証券会社で貸し出し可能な株数が底をついてしまうと、別の機関から借りることになる。その際にかかる手数料のこと。

さ行

【裁定取引】

同じ価値を持つ商品に価格差が生じた場合、この価格差を利用して利益を得ようとする取引。「サヤ取り」とも呼ぶ。


【資本コスト】

企業が活動のために調達した資本（借入金や資本金など）にかかるコストのこと。

【実質金利】

物価上昇などを考慮した金利。名目金利から物価上昇率を差し引いたもの。


【需給ギャップ】

国の総需要（GDP）と供給力（労働力など）の差のこと。この差がプラスだとインフレ、マイナスだとデフレと判断できる。


【政策金利】

中央銀行が、金融政策のために設定する金利。不況の際には政策金利を下げ、好況の際は政策金利を上げることで、物価調整される。

た行

【長期金利】

期間が1年以上の資金の貸借に適用される金利。1年未満のものは、「短期金利」と言う。


【騰落レシオ】

現在の市場が買われすぎか売られすぎかを判断する指標。値上がり銘柄数と値下がり銘柄数の比率で見る。

な行

【ナンピン】（→104ページ）
株価が下落してしまった銘柄を、下落した価格でもう一度買い直すこと。

【日銀短観】（→98ページ）
日本銀行が、3か月ごとに発表する業績調査。正式名称は「全国企業短期経済観測調査」という。

【のれん】

企業買収時に発生する、買収先の純資産と買収価格の差額。

は行

【配当性向】

当期純利益の中から、配当金をどれだけ株主に払っているかを示すパーセンテージ。


【負債コスト】

企業が活動するために必要な資金にかかるコストの中で、債権者から調達した負債にかかるもの。

ま行

【名目金利】

物価上昇などが考慮されてない金利のこと。


【戻り待ちの売り】

下落傾向にある相場が、回復するのを待ってから売ること。

や行

【有価証券報告書】

上場企業が毎年開示する、財務内容などを明記した報告書。上場企業は、事業年度の終了後にこの報告書を提出することが義務付けられている。

ら行

【リキャップCB】

CB（新株予約権付社債）を発行して得た資金で、自社株を購入する手法のこと。CBにより債権は増えるものの、資金が圧縮でき、自己資本比率を下げてROEを上げることができる。


【リスクプレミアム】

リスクのある商品に投資する際に、リスクがある分、投資家がその商品に対して期待する上乗せ分の利益のこと。


【レパトリエーション】

海外に投資していた資金を、自国の資金に戻すこと。決算期などに行われることが多く、その時期は為替相場が変動すると言われる。「レパトリ」と略して呼ぶことも。


【レモン市場】

レモンは質の悪い商品のこと。売り手は粗悪商品と知りつつ、買い手はそうとは知らずに劣悪な商品が流通している市場。売り手と買い手の情報格差が大きい状態。

わ行

【割安株】

企業本来の価値と比べて、割安な株のこと。

A~Z

【ECB】

EUのユーロへの通貨統合に伴い設立されたヨーロッパの中央銀行。「欧州中央銀行」とも。


【FRB】

「連邦準備制度理事会」のこと。日本の日本銀行と同様、アメリカの中央銀行として、公定歩合や公開市場操作などの金融政策を行う。


【FOMC】

「連邦公開市場委員会」のこと。FRBが開催する委員会で、公開市場操作の方針を議論・決定する機関。


【PCFR】

「株価キャッシュフロー倍率」のことで、割安株かどうかを判断する指標のひとつ。株価を1株あたりのキャッシュフローで割る。


【PSR】

「株価売上高倍率」のことで、割安株かどうかが判断できる指標のひとつ。


【WACC】

「加重平均資本コスト」のこと。資本コストの算出方法のひとつで、借入にかかるコストと株式調達にかかるコストを加重平均したもの。

さくいん

著者

中山《なかやま》まさかず

「マナカブ .com」代表講師。

学生時代にネット通販会社を起業。

その後、2006 年より株式投資をスタート。独自のテクニカル分析とファンダメンタルズ分析を編み出し、2012 年より個人投資家へ向けた投資教育を開始。

上方修正する銘柄を先回りして見つけ出すテクニックや、『会社四季報』から 2 倍以上、上昇するお宝銘柄を探す手法、独自の計算式を用いて銘柄ごとに点数をつけて評価分析する手法など、これまでに生み出してきたそのオリジナルな投資手法は多岐にわたり、大手金融情報ベンダーからも手法の提供で声がかかる。

その「中山式株式投資法」で、老若男女幅広い層へ株式投資をレクチャーする。

STAFF

執筆協力／加茂直美
デザイン／島村千代子
DTP ／有限会社ゼスト（長谷川慎一）
イラスト／すぎやまえみこ
編集協力／株式会社スリーシーズン
（伊藤佐知子、永渕美加子）
編集担当／山路和彦（ナツメ出版企画株式会社）

「カブ」の神様《かみさま》が教《おし》える！
手堅《てがた》く稼《かせ》ぐ　株《かぶ》の必勝《ひっしょう》ルール

2017 年 3 月 1 日　初版発行

著　者　中山《なかやま》まさかず

発行者　田村正隆
発行所　株式会社ナツメ社
東京都千代田区神田神保町 1-52
ナツメ社ビル 1F（〒 101-0051）
電話　03-3291-1257（代表）
FAX　03-3291-5761
振替　00130-1-58661
制　作　ナツメ出版企画株式会社
東京都千代田区神田神保町 1-52
ナツメ社ビル 3F（〒 101-0051）
電話　03-3295-3921（代表）
印刷所　ラン印刷社
ISBN978-4-8163-6184-5　Printed in Japan

本書に関するお問い合わせは、上記、
ナツメ出版企画株式会社までお願いいたします。